新时代的
100 个故事

张荣臣　蒋成会　著

人民出版社

责任编辑：刘敬文

封面设计：汪　莹

图书在版编目（CIP）数据

新时代的 100 个故事 / 张荣臣，蒋成会 著 . —北京：人民出版社，2023.5

ISBN 978 - 7 - 01 - 025112 - 7

I. ①新⋯　II. ①张⋯ ②蒋⋯　III. ①中国共产党 - 党的建设 -2012—2022

　　IV. ① D26

中国版本图书馆 CIP 数据核字（2022）第 203444 号

新时代的 100 个故事

XINSHIDAI DE 100 GE GUSHI

张荣臣　蒋成会　著

人民出版社 出版发行

（100706　北京市东城区隆福寺街 99 号）

中煤（北京）印务有限公司印刷　新华书店经销

2023 年 5 月第 1 版　2023 年 5 月北京第 1 次印刷

开本：710 毫米 ×1000 毫米 1/16　印张：17.25

字数：236 千字

ISBN 978 - 7 - 01 - 025112 - 7　定价：50.00 元

邮购地址 100706　北京市东城区隆福寺街 99 号

人民东方图书销售中心　电话（010）65250042　65289539

前　言

中国特色社会主义进入了新时代，这是对我国发展新的历史方位的科学判断。进入新时代，是从党和国家事业发展的全局视野、从改革开放近40年历程和十八大以来5年取得的历史性成就和历史性变革的方位上，所做出的科学判断。这个新时代，是承前启后、继往开来、在新的历史条件下继续夺取中国特色社会主义伟大胜利的时代。

新时代的10年，以习近平同志为核心的党中央，以伟大的历史主动精神、巨大的政治勇气、强烈的责任担当，统筹国内国际两个大局，贯彻党的基本理论、基本路线、基本方略，统揽伟大斗争、伟大工程、伟大事业、伟大梦想，坚持稳中求进工作总基调，出台一系列重大方针政策，推出一系列重大举措，推进一系列重大工作，战胜一系列重大风险挑战，解决了许多长期想解决而没有解决的难题，办成了许多过去想办而没有办成的大事，推动党和国家事业取得历史性成就、发生历史性变革。正如2022年7月26日至27日，习近平总书记在省部级主要领导干部"学习习近平总书记重要讲话精神，迎接党的二十大"专题研讨班上发表重要讲话强调的，从党的十八大开始，中国特色社会主义进入新时代。新时代10年的伟大变革，在党史、新中国史、改革开放史、社会主义发展史、中华民族发展史上具有里程碑意义。

新时代10年的伟大变革，见证着以习近平同志为核心的党中央统筹中华民族伟大复兴战略全局和世界百年未有之大变局，团结带领全党全军全国各族人民有效应对严峻复杂的国际形势和接踵而至的巨大风险挑战，以奋发有为的精神把新时代中国特色社会主义推向前进的历史过程。本书以新时代的 10 年为历史线索，选取了 100 个代表性的故事，以此说明以习近平同志为核心的党中央领导全党全军全国各族人民砥砺前行，勇于进行具有许多新的历史特点的伟大斗争，进入新时代我们取得的重大成就。中国共产党和中国人民以英勇顽强的奋斗向世界庄严宣告，中华民族迎来了从站起来、富起来到强起来的伟大飞跃。这 100 个故事必将激励我们在新的征程中取得更大的成就，必将在新时代新征程上赢得更加伟大的胜利和荣光。我们一定要深刻领悟"两个确立"的决定性意义，进一步增强"四个意识"、坚定"四个自信"、做到"两个维护"，把思想和行动统一到习近平总书记重要讲话精神上来，统一到党中央决策部署上来，高举中国特色社会主义伟大旗帜，坚持以马克思主义中国化时代化最新成果为指导，坚定中国特色社会主义道路自信、理论自信、制度自信、文化自信，坚定不移推进中华民族伟大复兴历史进程。

目　录

1. 全面建成小康社会

　　1978年10月，邓小平同志访问日本，同福田首相互换中日和平友好条约批准书。10月24日上午，邓小平在拜访了前首相田中角荣后，拜会了时任自民党干事长大平正芳。大平说："阁下不忘老朋友，在百忙中特地来看我，使我感到光荣。"两个月后的1978年12月7日，日本成立了大平正芳内阁。三个月后的1979年1月28日下午，邓小平赴美访问飞临日本上空，想到老朋友大平，给他发了一封电报："一周后，从美国回国时，计划在贵国逗留，我为那时能同阁下及其他日本朋友交谈而高兴。"邓小平结束访美后，2月7日抵达东京，如约同大平在日本首相官邸会谈，会谈进行了1小时40分钟。

　　1979年12月，日本首相大平正芳应中国政府的邀请正式访问我国。12月6日，邓小平会见来访的日本首相大平正芳。会谈中，当大平正芳提出"中国将来会是什么样的情况，整个现代化的蓝图是如何构思的"问题时，邓小平沉思片刻后回答，我们要实现的四个现代化，是中国式的四个现代化。我们的四个现代化的概念，不是像你们那样的现代化的概念，而是"小康之家"。到本世纪末，中国的四个现代化即使达到了某种目标，我们的国民生产总值人均水平也还是很低的。要达到第三世界中比较富裕一点的国家的水平，比如国民生产总值人均1000美元，也还得付出很大的努力。就算达到那样的水平，同西方来比，也还是落后的。所以，我只能说，中国到那时也还是一个小康的状态。从此，中国现代化建设在20世纪的发展目标定位于"小康"。

这是邓小平第一次提出了"小康"概念以及在 20 世纪末我国达到"小康社会"的构想。党的十二大正式引用了"小康"概念，并把它作为 20 世纪末的战略目标。党的十三大系统阐述了社会主义初级阶段的理论，确定了我国社会主义现代化建设"三步走"发展战略。提出第一步，实现国民生产总值比 1980 年翻一番，解决人民的温饱问题，这个任务已经基本实现；第二步，到 20 世纪末，使国民生产总值再增长一倍，人民生活达到小康水平；第三步，到 21 世纪中叶，人均国民生产总值达到中等发达国家水平，人民生活比较富裕，基本实现现代化。

2012 年 11 月，党的十八大明确提出"我国进入全面建成小康社会决定性阶段"。在中国共产党第十八次全国代表大会上，胡锦涛代表党中央向大会作了《坚定不移沿着中国特色社会主义道路前进 为全面建成小康社会而奋斗》的报告，报告开头就阐明了大会的主题，这就是：高举中国特色社会主义伟大旗帜，以邓小平理论、"三个代表"重要思想、科学发展观为指导，解放思想，改革开放，凝聚力量，攻坚克难，坚定不移沿着中国特色社会主义道路前进，为全面建成小康社会而奋斗。

党的十八大召开的背景是：世界正处在大发展大变革大调整时期，文化在综合国力竞争中的地位和作用更加凸显，维护国家文化安全任务更加艰巨，增强国家文化软实力、中华文化国际影响力要求更加紧迫。当代中国进入了全面建成小康社会的关键时期和深化改革开放、加快转变经济发展方式的攻坚时期，文化越来越成为民族凝聚力和创造力的重要源泉、越来越成为综合国力竞争的重要因素、越来越成为经济社会发展的重要支撑，丰富精神文化生活越来越成为我国人民的热切愿望。

会议提出了确保到 2020 年实现全面建成小康社会的宏伟目标。要经济持续健康发展，转变经济发展方式取得重大进展，在发展平衡性、协调性、可持续性明显增强的基础上，实现国内生产总值和城乡居民人均收入比 2010 年翻一番；人民民主不断扩大；文化软实力显著增强；人民生活水平全面提高；资源节约型、环境友好型社会建设取得重大进展。全面建成小康社会，坚决破除一切妨碍科学发展的思想观念和体制机制弊端，构建系统完备、科学规范、运行有效的制度体系，使各方面制度更加成熟更加定型。

会议回答了坚定不移走中国特色社会主义道路政策立场。党的十八大强调，坚定不移走中国特色社会主义道路，夺取中国特色社会主义新胜利是我们毫不动摇的行动纲领。总之，这次大会，是我们党在全面建设小康社会的关键时期和深化改革开放、加快转变经济发展方式的攻坚时期召开的一次十分重要的会议，对我们党团结带领全国各族人民继续全面建成小康社会、加快推进社会主义现代化、开创中国特色社会主义事业新局面，对推进党的建设新的伟大工程具有重大而深远的意义。

2. 中国梦的提出

2012 年 11 月 29 日，在全党全国上下认真学习贯彻党的十八大精神的热潮中，中共中央总书记、中央军委主席习近平和中央政治局常委李克强、张德江、俞正声、刘云山、王岐山、张高丽等来到国家博物馆，参观《复兴之路》展览。在参观过程中，习近平发表了重要讲话，指出："现在，大家都在讨论中国梦，我以为，实现中华民族伟大复兴，就是中华民族近代以来最伟大的梦想。这个梦想，凝聚了几代中国人的夙愿，体现了中华民族和中国人民的整体利益，是每一个中华儿女的共同期盼。"他称，"到中国共产党成立 100 年时全面建成小康社会的目标一定能实现，到新中国成立 100 年时建成富强民主文明和谐的社会主义现代化国家的目标一定能实现，中华民族伟大复兴的梦想一定能实现。"

2013 年 3 月 17 日，中国新任国家主席习近平在十二届全国人大一次会议闭幕会上，向全国人大代表发表自己的就任宣言。据有关媒体报道，在将近 25 分钟的讲话中，习近平 9 次提及"中国梦"，44 次提到"人民"，共获得了 10 余次掌声，有关"中国梦"的论述更一度被掌声打断。习近平坚定表示，实现中国梦必须走中国道路，必须弘扬中国精神，必须凝聚中国力量。

2013 年 3 月 23 日，习近平在莫斯科国际关系学院演讲时明确指出："实现中华民族伟大复兴，是近代以来中国人民最伟大的梦想，我们称之为'中国梦'，基本内涵是实现国家富强、民族振兴、人民幸福。"2014 年 3 月 27 日，习近平在中法建交五十周年纪念大会上的讲话中指出：中国梦是追求幸福的梦。中国梦是中华民族的梦，也是每个中国人的梦。我们的方向就是让每个人获得发展自我和奉献社会的机会，共同享有人生出彩的机会，共同享有梦想成真的机会，保证人民平等参与、平等发展权利，维护社会公平正义，使发展成果更多更公平惠及全体人民，朝着共同富裕方向稳步前进。为了实现中国梦，我们确立了"两个一百年"奋斗目标，就是到2020年实现国内生产总值和城乡居民人均收入比2010年翻一番，全面建成小康社会；到本世纪中叶建成富强民主文明和谐的社会主义现代化国家，实现中华民族伟大复兴。2015年3月29日，习近平在博鳌同中外企业家代表座谈，在谈到"两个一百年"奋斗目标时说，"中国有首歌曲叫《樱桃好吃树难栽》，幸福不会从天降，而是靠辛勤劳动换来的。"在习近平总书记的上述讲话中，我们清楚地提到的"中国梦"和"两个一百年"之间，各自既有特定内涵，二者之间又有着这样一种内在的逻辑关系。因此，有了"两个一百年"奋斗目标，就使实现中华民族伟大复兴这个最伟大的"中国梦"有了切实可行的方法步骤，定然使"中国梦"变为现实。

在党的十九大上，习近平总书记强调："中国梦是历史的、现实的，也是未来的；是我们这一代的，更是青年一代的。中华民族伟大复兴的中国梦终将在一代代青年的接力奋斗中变为现实。"

"中国梦"的核心目标也可以概括为"两个一百年"的目标，也就是：到2021年中国共产党成立100周年和2049年中华人民共和国成立100周年时，逐步并最终顺利实现中华民族的伟大复兴，具体表现是国家富强、民族振兴、人民幸福，实现途径是走中国特色的社会主义道路、坚持中国特色社会主义理论体系、弘扬民族精神、凝聚中国力量，实施手段是经济、政治、文化、社会、生态文明"五位一体"建设。

实现"中国梦"，体现了中国共产党紧密团结和紧紧依靠全国各族人民为实现中华民族伟大复兴而奋斗的巨大勇气和坚强决心。我们党领导人民进行革命、建设和改革开放，就是要让中国人民富裕起来，国家强盛起来，振兴伟大的中华民族。我们这一代中国共产党人，我们这一代中国人，是实现中华民族伟大复兴中国梦整个历史进程中负有伟大而光荣的历史使命的一代，我们决不能躺在前人已经创造的功劳簿上高枕无忧，也不能满足于我们已经取得的成就上裹足不前，而是要坚定不移地走中国特色社会主义道路，不断深化改革、开拓创新，为最终实现伟大的"中国梦""人民的梦"而努力奋斗。自觉把党的全面领导落实到各条战线、各个领域，始终沿着党领导的方向奋力前进，增强同心共筑中国梦的磅礴力量。

3. "八项规定"改变中国

2012年12月4日，中共中央政治局召开会议。会议强调，抓作风建设，首先要从中央政治局做起，要求别人做到的自己先要做到，要求别人不做的自己坚决不做，以良好党风带动政风民风，真正赢得群众信任和拥护。审议通过了中央政治局关于改进工作作风、密切联系群众的八项规定。

其主要内容是：

（1）要改进调查研究，到基层调研要深入了解真实情况，总结经验、研究问题、解决困难、指导工作，向群众学习、向实践学习，多同群众座谈，多同干部谈心，多商量讨论，多解剖典型，多到困难和矛盾集中、群众意见多的地方去，切忌走过场、搞形式主义；要轻车简从、减少陪同、简化接待，不张贴悬挂标语横幅，不安排群众迎送，不铺设迎宾地毯，不摆放花草，不安排宴请。

（2）要精简会议活动，切实改进会风，严格控制以中央名义召开的各类全国性会议和举行的重大活动，不开泛泛部署工作和提要求的会，未经中央批准一律不出席各类剪彩、奠基活动和庆祝会、纪念会、表彰会、博览会、研讨会及各类论坛；提高会议实效，开短会、讲短话，力戒空话、套话。

（3）要精简文件简报，切实改进文风，没有实质内容、可发可不发的文件、简报一律不发。

（4）要规范出访活动，从外交工作大局需要出发合理安排出访活动，严格控制出访随行人员，严格按照规定乘坐交通工具，一般不安排中资机构、华侨华人、留学生代表等到机场迎送。

（5）要改进警卫工作，坚持有利于联系群众的原则，减少交通管制，一般情况下不得封路、不清场闭馆。

（6）要改进新闻报道，中央政治局同志出席会议和活动应根据工作需要、新闻价值、社会效果决定是否报道，进一步压缩报道的数量、字数、时长。

（7）要严格文稿发表，除中央统一安排外，个人不公开出版著作、讲话单行本，不发贺信、贺电，不题词、题字。

（8）要厉行勤俭节约，严格遵守廉洁从政有关规定，严格执行住房、车辆配备等有关工作和生活待遇的规定。

"八项规定"体现了中央从严要求、从严治党的根本要求，反映了中央改进工作作风的坚定信念，反映出中国未来施政的动向。"八项规定"是中央向全党和全国人民作出的一个庄严承诺，特别是"八项规定"出台后，新一届中央领导集体特别是习近平总书记，以身体力行的方式，为端正党风政风率先垂范，必然极大地推动党风廉政建设的进一步加强。从这"八项规定"的内容来看，都是日常工作中的一些具体问题，甚至是长期以来被人们视为细小琐事的问题。但我国有句古语："勿以恶小而为之"。现实生活中妇孺皆知的一个道理是：蚁穴虽小，能毁万里长堤。从这个意义上看，日常工作中的具体事情，的确都是事关党的工作作风的大事。把这"八项规定"落实到位了，就能从源头上有效预防和避免各种不正之风和腐败现象。

中央八项规定是一个切入口和动员令，党中央从落实中央八项规定精神破题，坚持以上率下，率先垂范，从中央做起，既抓思想引导又抓行为规范，执纪问责，严肃查处和曝光典型案件，形成高压态势。各地认真贯彻落实中央八项规定精神，也结合实际制定了具体细化措施。这一切，赢得了人民群众的衷心拥护。经过几年努力，全面从严治党取得重要阶段性成果。应该看到，作风问题具有顽固性和反复性，形成优良作风不可能一劳永逸，克服不良作风也不可能一蹴而就，中央八项规定既不是最高标准，更不是最终目的，只是我们改进作风的第一步，必须以锲而不舍、驰而不息的决心和毅力，把作风建设不断引向深入，作风建设永远在路上，全面从严治党永远在路上。

4. 打"老虎"、拍"苍蝇"

2013年1月22日，习近平总书记在十八届中央纪委二次全会上发表重要讲话强调，要加强对权力运行的制约和监督，把权力关进制度的笼子里，形成不敢腐的惩戒机制、不能腐的防范机制、不易腐的保障机制。各级领导干部都要牢记，任何人都没有法律之外的绝对权力，任何人行使权力都必须为人民服务、对人民负责并自觉接受人民监督。要加强对一把手的监督，认真执行民主集中制，健全施政行为公开制度，保证领导干部做到位高不擅权、权重不谋私。"把权力关进制度的笼子里"这一重要论述，用形象的语言表达了丰富的内涵，为构建科学有效的权力运行体系、规范权力运行、有效防治腐败，为全面提高党的建设科学化水平、推动廉洁政治建设指明了方向、提供了遵循。

把权力关进制度的笼子里，既是对权力与制度关系的形象概括，也是回归权力本质的必然要求。党的十八大之后，以习近平同志为核心的党中央，在党风廉政建设和反腐败斗争方面作出了一系列重大决策部署。其中一个重要内容，就是着眼于更加科学有效地防治腐败，把加强对权力运行的制约和监督摆上更加重要的位置，从顶层设计上持续加强制度建设，出台或修订了几十部党内法规，基本形成反腐倡廉法规制度体系。同时，狠抓制度的贯彻执行，收到好的效果。经过全党共同努力，增强了党的各级组织管党治党主体责任，党的纪律建设全面加强，加强了对权力的制约和监督，腐败蔓延势头得到有效遏制，反腐败斗争压倒性态势已经形成，不敢腐的目标初步实现，不能腐的制度日益完善，不想腐的堤坝正在构筑，党内政治生活呈现新的气象。在此基础上，党的十九大提出了要夺取反腐败斗争压倒性胜利的目标。

习近平总书记还指出，我们党严肃查处一些党员干部包括高级干部严重违纪问题的坚强决心和鲜明态度，向全党全社会表明，我们所说的不论什么人，不论其职务多高，只要触犯了党纪国法，都要受到严肃追究和严厉惩处，决不是一句空话。从严治党，惩治这一手决不能放松。要坚持"老虎""苍蝇"一起打，既坚决查处领导干部违纪违法案件，又切实解决发生在群众身边的不正之风和腐败问题。要坚持党纪国法面前没有例外，不管涉及到谁，都要一查到底，决不姑息。2013年4月19日，习近平总书记在主持十八届中央政治局第五次集体学习时的讲话中再次强调，要牢记"蠹众而木折，隙大而墙坏"的道理，保持惩治腐败的高压态势，做到有案必查、有腐必惩，坚持"老虎""苍蝇"一起打，切实维护人民合法权益，努力做到干部清正、政府清廉、政治清明。

腐败是要失去民心的，得民心者得天下，失民心者失天下。如果因为腐败而导致我们失去了民心，失去了老百姓的支持和拥护，最后肯定要导致亡党亡国。"老虎""苍蝇"一起打，意在惩治，重在警示和防范。贪官不论大小，都是党和国家的蛀虫，危害社会和谐健康。保持党的纯洁性，既要严厉打击小贪小腐，更要打击大贪污、大腐败。坚持"老虎""苍蝇"一起打，坚决清除党内和群众身边的不正之风、腐败问题。既不抓大放小、也不抓小放大，既要打击名不见经传的"小人物"、也要打击位高权重的"大人物"。在贪污腐败问题上，没有大小人物的区别，只要触犯了，就要坚决出手惩治，绝不手软、绝不姑息、绝不给其喘息的机会。

"老虎""苍蝇"一起打，就是既要严惩高级干部的贪腐行为，又要严厉打击发生在百姓身边的腐败行为，让人民群众进一步看到中央反腐的决心、打击的重点和力度。党的十八大以来，我们党从关系党和国家生死存亡的高度，坚持无禁区、全覆盖、零容忍，严肃查处腐败分子，不定指标、上不封顶，凡腐必反，除恶务尽。着力营造不敢腐、不能腐、不想腐的政治氛围。一体推进不敢腐、不能腐、不想腐，不仅是反腐败斗争的基本方针，也是新时代全面从严治党的重要方略。2022 年 6 月 17 日，习近平总书记在中共中央政治局第四十次集体学习时强调，要加深对新形势下党风廉政建设和反腐败斗争的认识，提高一体推进不敢腐、不能腐、不想腐能力和水平，全面打赢反腐败斗争攻坚战、持久战。

5. 新时代好干部的标准

1990年7月15日，时任中共福州市委书记习近平作了一首词，发表在1990年7月16日的《福州晚报》上，这首词为《念奴娇·追思焦裕禄》

中夜，读《人民呼唤焦裕禄》一文，是时霁月如银，文思萦系……

魂飞万里，盼归来，此水此山此地。百姓谁不爱好官？把泪焦桐成雨。①生也沙丘，死也沙丘，父老生死系。②暮雪朝霜，毋改英雄意气！

依然月明如昔，思君夜夜，肝胆长如洗。路漫漫其修远矣，两袖清风来去。为官一任，造福一方，遂了平生意。绿我涓滴，会它千顷澄碧。

一九九〇·七·十五

注：①焦裕禄当年为了防风固沙，帮助农民摆脱贫困，提倡种植泡桐。如今，兰考泡桐如海，焦裕禄当年亲手栽下的幼桐已长成合抱大树，人们亲切地叫它"焦桐"。②焦裕禄临终前说："我死后只有一个要求，要求党组织把我运回兰考，埋在沙丘上。活着我没有治好沙丘，死了也要看着你们把沙丘治好！"

从这首词我们可以看到，上阕"追思"，以记叙为主，写焦裕禄的功绩，百姓对他的爱戴、缅怀，诗人对他的评价。下阕"明志"，以抒情为主，写焦裕禄精神对诗人的影响，表达执政为民、造福百姓、恩泽万众的理想和宏愿。全词深深表达了习近平对焦裕禄的崇敬之情，以及诗人亲民爱民，与大地山川、人民百姓相依为命的高尚情操，以及关心国家前途命运的赤子情怀。

2014年3月，时任中共中央总书记习近平访问河南兰考县，有感于焦裕禄为人民服务之精神，重诵此词。习近平总书记说："焦裕禄同志是县委书记的榜样，也是全党的榜样，他虽然离开我们50年了，但他的事迹永远为人们传颂，他的精神同井冈山精神、延安精神、雷锋精神等革命传统和伟大精神一样，过去是、现在是、将来仍然是我们党的宝贵精神财富，我们要永远向他学习。"号召全党做焦裕禄式的好党员好干部。

那么，在新时代有没有好干部的标准呢，毫无疑问是有的。早在2013年6月，习近平总书记在全国组织工作会议上指出："好干部要做到信念坚定、为民服务、勤政务实、敢于担当、清正廉洁"。党的事业需要好干部，新时代，人民群众期待好干部，干部自身也希望成为好干部。好干部"五条标准"，既是为好干部画像，也是对全体干部提要求。每个干部都要认真对照这五条，自觉做到这五条。

信念坚定，就是党的干部必须坚定共产主义远大理想，真诚信仰马克思主义，矢志不渝为中国特色社会主义而奋斗，坚持党的基本理论、基本路线、基本纲领、基本经验、基本要求不动摇。理想信念坚定，是好干部第一位的标准，是不是好干部首先看这一条。如果理想信念不坚定，不相信马克思主义，不相信中国特色社会主义，就是在政治上不合格，就经不起风浪的考验，经不起糖衣炮弹的诱惑，这样的干部能耐再大也不是我们党需要的好干部。只有理想信念坚定，用坚定理想信念炼就了"金刚不坏之身"，干部才能在大是大非面前旗帜鲜明，在风浪考验面前无所畏惧，在各种诱惑面前立场坚定，在关键时刻靠得住、信得过、能放心。因此，习近平总书记讲：理想信念是共产党人精神上的"钙"，理想信念坚定，骨头就硬；没有理想信念，或理想信念不坚定，精神上就会"缺钙"，就会得"软骨病"。现在，形式主义、官僚主义、享乐主义和奢靡之风为什么盛行？为什么不断有人沦为腐败分子，走向犯罪的深渊？说到底，还是理想信念不坚定。从这里的教训可以看出，党员领导干部只有理想信念坚定，才能在任何情况下都做到政治信仰不变、政治立场不移、政治方向不偏。

为民服务，就是党的干部必须做人民公仆，忠诚于人民，以人民忧乐为忧乐，以人民甘苦为甘苦，全心全意为人民服务。领导干部必须时刻牢记党的性质和宗旨，把为人民谋利益、做好事、办实事，作为自己全部工作的出发点和落脚点。因此，党员、干部必须时常记住：自己手中的权力是人民给的，为人民做事情是职责所在，即使群众对有的工作比较满意，也不该让群众感谢，更不值得大肆炫耀，对于群众的批评更应该虚心接受，从而把工作做得更好，做出更多更大政绩。

勤政务实，就是要为官一任、造福一方，不能干一年、两年、三年还是涛声依旧。正如习近平同志 2015 年在中央党校县委书记研修班座谈会上的讲话中指出的，事业成功的原因很多，奋发有为是主要因素。勤政务实就是为群众办实事、谋利益。要引导广大党员干部特别是各级领导干部，坚持讲实话、出实招、办实事、务实效，把工作的着力点真正放到研究解决改革发展稳定中的重大问题上，放到研究解决群众生产生活中的紧迫问题上，放到研究解决党的建设中的突出问题上，坚持以求真务实精神去抓落实，并在抓落实的实践中不断提高坚持求真务实、为群众谋利益的自觉性和坚定性。

敢于担当，就是党的干部必须坚持原则、认真负责，面对大是大非敢于亮剑，面对矛盾敢于迎难而上，面对危机敢于挺身而出，面对失误敢于承担责任，面对歪风邪气敢于坚决斗争。习近平总书记反复提醒全党，中国共产党是世界上最大的政党，大就要有大的样子，不断提醒广大党员不要忘了中国共产党是什么、要干什么这个根本问题，不要在日益复杂的斗争中迷失了自我、迷失了方向。这就要求年轻干部必须深刻认识和把握党在新时代的使命任务，以过硬本领和实际行动担负起时代赋予的使命。

清正廉洁，就是党的干部必须敬畏权力、管好权力、慎用权力，守住自己的政治生命，保持拒腐蚀、永不沾的政治本色。必须牢记清廉是福、贪欲是祸的道理，经常对照党的理论和路线方针政策、对照党章党规党纪、对照初心使命，看清一些事情该不该做、能不能干，时刻自重自省，严守纪法规矩。守住拒腐防变防线，最紧要的是守住内心，从小事小节上守起，正心明道、怀德自重，勤掸"思想尘"、多思"贪欲害"、常破"心中贼"，以内无妄思保证外无妄动。正如习近平总书记指出的，干部守住守牢拒腐防变防线，要层层设防、处处设防。

6. 党的群众路线教育实践活动

2013年除夕前的2月3日，甘肃省海拔2440米的渭源县田家河乡元古堆村老党员马岗家里迎来了一位特殊的客人，这位客人与他拉起了家常，家人般嘘寒问暖。这位特殊的客人就是中共中央总书记习近平，他不但成了马岗的好朋友，还给群众每户送去了2袋面、2桶油、20斤猪肉、1床棉被、4副春联、3斤水果糖、3斤大板瓜子。他的谆谆教诲、深情嘱托，所到之处，都留下了和人民在一起的宝贵记忆。

2013年4月19日，中国共产党中央政治局召开会议，决定从2013年下半年开始，用一年左右时间，在全党自上而下分批开展党的群众路线教育实践活动。中央政治局带头开展党的群众路线教育实践活动。中共中央总书记习近平主持会议。会议强调，党的十八大明确提出，围绕保持党的先进性和纯洁性，在全党深入开展以为民务实清廉为主要内容的党的群众路线教育实践活动。这是新形势下坚持党要管党、从严治党的重大决策，是顺应群众期盼、加强学习型服务型创新型马克思主义执政党建设的重大部署，是推进中国特色社会主义伟大事业的重大举措。会议认为，全心全意为人民服务是党的根本宗旨，群众路线是党的生命线和根本工作路线。深入开展党的群众路线教育实践活动，对于教育引导党员干部牢固树立宗旨意识和马克思主义群众观点，切实改进工作作风，赢得人民群众信任和拥护，夯实党的执政基础，巩固党的执政地位，具有十分重大而深远的意义。会议指出，当前，党员干部贯彻落实党的群众路线总体是好的，在联系服务人民群众方面做了大量富有成效的工作，但也存在着不符合为民务实清廉要求的问题。特别是有的领导机关、领导班子和一些领导干部形式主义、官僚主义、享乐主义突出，奢靡之风严重，主要表现在理想信念动摇，宗旨意识淡薄，精神懈怠；贪图名利，弄虚作假，不务实效；脱离群众，脱离实际，不负责任；铺张浪费，奢靡享乐，甚至以权谋私，腐化堕落。这些问题，严重损害党在人民群众中的形象，严重损害党群干群关系，必须认真加以解决。

之后，党的群众路线教育实践活动有序展开，第一批于2013年6月18日启动，教育活动时间一年左右。主要任务是教育引导党员干部树立群众观点，弘扬优良作风，解决突出问题，保持清廉本色，使干部作风进一步转变，干群关系进一步密切，为民务实清廉形象进一步树立。总体要求是要坚持围绕中心、服务大局，全面贯彻落实党的十八大提出的各项任务要求，把作风建设放在突出位置，以作风建设的新成效凝聚起推动事业发展的强大力量。要落实为民务实清廉的要求：为民，就是要坚持人民创造历史、人民是真正英雄，坚持以人为本、人民至上。务实，就是要求真务实、真抓实干，发扬理论联系实际之风。清廉，就是要自觉遵守党章，严格执行廉政准则，主动接受监督。要牢牢把握基本原则：正面教育为主、批评和自我批评、讲求实效、分类指导和领导带头。要着力解决突出问题：坚决反对形式主义；坚决反对官僚主义；坚决反对享乐主义；坚决反对奢靡之风。教育活动指导思想是：全面贯彻党的十八大精神，高举中国特色社会主义伟大旗帜，坚持以马克思列宁主义、毛泽东思想、邓小平理论、"三个代表"重要思想、科学发展观为指导，紧紧围绕保持党的先进性和纯洁性，以为民务实清廉为主要内容，以县处级以上领导机关、领导班子和领导干部为重点，切实加强全体党员马克思主义的群众观点和党的群众路线教育。切入点是：贯彻落实中央八项规定。教育活动重点对象是：县处级以上领导机关、领导班子和领导干部。

2014年1月20日，党的群众路线教育实践活动第一批总结暨第二批部署会议在北京召开，中共中央总书记、国家主席、中央军委主席习近平出席会议并发表重要讲话，对第一批教育实践活动进行总结，对第二批教育实践活动进行部署。他强调，要充分运用第一批活动经验，紧紧扭住反对"四风"，从群众最关心、最迫切的问题入手，着力解决关系群众切身利益的问题，解决群众身边的不正之风问题，把改进作风成效落实到基层，真正让群众受益，努力取得人民群众满意的实效。

习近平总书记强调，要深刻认识第二批教育实践活动的重要性和紧迫性，切实增强思想自觉和行动自觉。第二批教育实践活动是第一批的延伸和深化。基础不牢，地动山摇。市县领导机关、领导干部和基层单位同人民群众的联系更直接，其不良作风更直接损害群众利益、伤害群众感情。必须着力解决发生在群众身边的腐败问题，认真解决损害群众利益的各类问题，切实维护人民群众合法权益。第二批教育实践活动要突出做好这方面工作。党的群众路线教育实践活动第二批活动于2014年1月开始进行，这次活动更为贴近基层。根据中央统一安排，中央政治局常委在第二批教育实践活动中分别联系一个县，习近平总书记联系兰考县。

2014年10月8日，党的群众路线教育实践活动总结大会在北京召开，中共中央总书记、国家主席、中央军委主席习近平出席会议并发表重要讲话。他强调，这次活动使党在群众中的威信和形象进一步树立，党心民心进一步凝聚，形成了推动改革发展的强大正能量。对此，群众充分认同，党内外积极评价。实践证明，党的十八大作出的在全党深入开展党的群众路线教育实践活动的战略决策是完全正确的，党中央关于这次活动的一系列部署是完全正确的。这次活动为我们进行具有许多新的历史特点的伟大斗争作了思想上组织上作风上的重要准备，其重大意义必将随着时间的推移不断显现出来。这次教育实践活动是在总结运用党内历次集中教育活动成功经验的基础上开展的。通过这次活动，我们对新形势下如何开展党内集中教育活动取得了新的认识、积累了新的经验。现在，广大干部群众最担心的是问题反弹、雨过地皮湿、活动一阵风，最盼望的是形成常态化、常抓不懈、保持长效。因此，我们要说，活动收尾绝不是作风建设收场，必须以锲而不舍、驰而不息的决心和毅力，把作风建设不断引向深入，把目前作风转变的好势头保持下去，使作风建设要求真正落地生根。习近平总书记特别强调，这一次党的群众路线教育实践活动基本结束了，但贯彻党的群众路线、保持党同人民群众的血肉联系的历史进程永远不会结束。

7. "一带一路"倡议

在古代，国人外出只能依赖简单的交通工具，如马车、牛车，很多时候还要步行。在那个时候，到国外旅行，有一条著名的国际交通路线。1877年，德国地质地理学家李希霍芬在其著作《中国》一书中，把"从公元前114年至公元127年间，中国与中亚、中国与印度间以丝绸贸易为媒介的这条西域交通道路"命名为"丝绸之路"，这一名词很快被学术界和大众所接受，并正式运用。

丝绸之路，一般指陆上丝绸之路，广义上讲又分为陆上丝绸之路和海上丝绸之路。

陆上丝绸之路在汉代就存在了，它连通中国、中亚和地中海的各个国家，是各国进行贸易运输和友好往来的主要通道。由于在中国向西方各国运输的各种商品中，丝绸是最受欢迎、销量最大的物品，所以人们把这条国际路线形象地称为"丝绸之路"。

丝绸之路的干道形成于汉武帝时期，由张骞两次出使西域开辟而成。到了唐朝初年，唐太宗击败突厥等北方民族政权之后，重新掌握了对丝绸之路的控制权。随着唐朝国力的进一步增强，对外联络和对外贸易活动络绎不绝，各国的王公贵族也纷纷慕名来到长安，进一步地拓宽了东西交流的友谊之路。

通常说的丝绸之路，它以长安或洛阳为起点，经过河西走廊，出玉门关和敦煌，进入新疆之后，分为北道、中道和南道三个方向分别西行，最后到达地中海的各个国家。丝绸之路是一条东西文化交流之路。在科学技术方面，中国的四大发明——造纸术、印刷术、火药、指南针，就是通过丝绸之路传到西方各国的。西方的数学、天文学、地理学、化学等科学知识，也随着商人和文化交流的队伍来到中国。在生活用品方面，中国向西方输出了精美的丝绸、瓷器、茶叶等，而波斯的丝织品、各国的金银器和其他的商品也进入了中国。

"海上丝绸之路"是古代中国与外国交通贸易和文化交往的海上通道，该路主要以南海为中心，所以又称南海丝绸之路。海上丝绸之路形成于秦汉时期，发展于三国至隋朝时期，繁荣于唐、宋、元、明时期，是已知的最为古老的海上航线。

进入新时代，我们积极推进"一带一路"。"一带一路"是"丝绸之路经济带"和"21世纪海上丝绸之路"的简称。它将充分依靠中国与有关国家既有的双多边机制，借助既有的、行之有效的区域合作平台。"一带一路"旨在借用古代丝绸之路的历史符号，高举和平发展的旗帜，积极发展与沿线国家的经济合作伙伴关系，共同打造政治互信、经济融合、文化包容的利益共同体、命运共同体和责任共同体。

2013年9月7日，国家主席习近平在哈萨克斯坦纳扎尔巴耶夫大学发表题为《弘扬人民友谊，共创美好未来》的重要演讲。习近平主席在演讲中指出，千百年来，在这条古老的丝绸之路上，各国人民共同谱写出千古传诵的友好篇章。两千多年的交往历史证明，只要坚持团结互信、平等互利、包容互鉴、合作共赢，不同种族、不同信仰、不同文化背景的国家完全可以共享和平、共同发展。这是古丝绸之路留给我们的宝贵启示。为了使我们欧亚各国经济联系更加紧密、相互合作更加深入、发展空间更加广阔，我们可以用创新的合作模式，共同建设"丝绸之路经济带"。这是一项造福沿途各国人民的大事业。我们可从以下几个方面先做起来，以点带面，从线到片，逐步形成区域大合作。

2013年10月3日，国家主席习近平在印度尼西亚国会发表题为《携手建设中国—东盟命运共同体》的演讲。习近平主席在演讲中指出，"计利当计天下利。"中国愿在平等互利的基础上，扩大对东盟国家开放，使自身发展更好惠及东盟国家。中国愿提高中国—东盟自由贸易区水平，争取使 2020 年双方贸易额达到 1 万亿美元。中国致力于加强同东盟国家的互联互通建设。中国倡议筹建亚洲基础设施投资银行，愿支持本地区发展中国家包括东盟国家开展基础设施互联互通建设。

丝绸之路是起始于中国，连接亚洲、非洲和欧洲的古代陆上商业贸易路线。从运输方式上分为陆上丝绸之路和海上丝绸之路。丝绸之路是一条东方与西方之间在经济、政治、文化进行交流的主要道路。它最初的作用是运输中国古代出产的丝绸、瓷器等商品。当今世界正发生复杂深刻的变化，国际金融危机深层次影响继续显现，世界经济缓慢复苏、发展分化，国际投资贸易格局和多边投资贸易规则酝酿深刻调整，各国面临的发展问题依然严峻。共建"一带一路"顺应世界多极化、经济全球化、文化多样化、社会信息化的潮流，秉持开放的区域合作精神，致力于维护全球自由贸易体系和开放型世界经济。共建"一带一路"旨在促进经济要素有序自由流动、资源高效配置和市场深度融合，推动沿线各国实现经济政策协调，开展更大范围、更高水平、更深层次的区域合作，共同打造开放、包容、均衡、普惠的区域经济合作架构。共建"一带一路"符合国际社会的根本利益，彰显人类社会共同理想和美好追求，是国际合作以及全球治理新模式的积极探索，将为世界和平发展增添新的正能量。"一带一路"充分依靠中国与有关国家既有的双多边机制，借助既有的、行之有效的区域合作平台。"一带一路"的建设不仅不会与上海合作组织、欧亚经济联盟、中国—东盟（10+1）等既有合作机制产生重叠或竞争，还会为这些机制注入新的内涵和活力。

8. 亚投行：坐落在北京的国际组织总部

从天安门广场向北，一路掠过故宫、鸟巢、水立方、中国国家体育馆、国家会议中心，在奥林匹克公园的核心区屹立着一座恢宏大气的建筑。这个大楼总建筑面积三十九万平方米，整体用钢量十一万吨，相当于两个鸟巢外部钢结构用量。

大楼的设计启动国际征集，最终以"鲁班锁"为设计理念，从高空俯视是中国结造型，有着"中国结连接世界"的寓意。此方案在国内外众多竞争方案中脱颖而出。大楼外立面采用的是气候主动性双层幕墙，遮阳设施不暴露在外，而是藏在双层幕墙的玻璃腔体内。由镂刻有中国特色图案的竖向百叶构成。不仔细观察，可能都发现不了它的踪迹。双层幕墙系统还具有大面积的通透性，可以为办公提供更好的自然采光效果，减少人工照明使用。

这个大楼就是亚投行总部办公大楼北京亚洲金融大厦。亚投行是第一个坐落于我国的国际组织总部，在国际经济金融版图中具有非同一般的重要意义。项目的建成，不仅具有重大国际影响力，也是我国基础设施建设领域面向世界、显示中国制造、中国力量，助力"一带一路"国家级顶级合作倡议的标志性建筑。

那么什么是亚投行？亚洲基础设施投资银行（Asian Infrastructure Investment Bank，简称亚投行，AIIB）是一个政府间性质的亚洲区域多边开发机构。重点支持基础设施建设，成立宗旨是为了促进亚洲区域的建设互联互通化和经济一体化的进程，并且加强中国及其他亚洲国家和地区的合作，是首个由中国倡议设立的多边金融机构，总部设在北京，法定资本 1000 亿美元。

新世纪以来，世界各国基本延续了冷战后的发展趋势，即在全球化深入发展的推动下实现了不同程度的发展，但各国的发展速度极不均衡。总体而言，发展中国家普遍实现了较快增长，新兴国家日益成为经济新秀，而发达国家的发展速度相对缓慢。在国际金融危机的打击下，发达国家的经济长期陷入低迷，以新兴大国为代表的发展中国家则率先摆脱危机影响，不仅成为全球经济的新引擎，而且成为全球治理的重要主体。为了更好地发挥新兴国家在世界经济和全球金融治理中的作用，改革原有的国际金融制度顺理成章地提上日程。虽然世行与国际货币基金组织（IMF）通过了相应的股权比重和投票权比重改革决定，但不合理的国际金融机制并未改观。

亚洲经济占全球经济总量的 1/3，是当今世界最具经济活力和增长潜力的地区，拥有全球六成人口。但因建设资金有限，一些国家铁路、公路、桥梁、港口、机场和通讯等基础建设严重不足，这在一定程度上限制了该区域的经济发展。中国已成为世界第三大对外投资国，中国对外投资 2012 年同比增长 17.6%，创下了 878 亿美元的新高。而且，经过 30 多年的发展和积累，中国在基础设施装备制造方面已经形成完整的产业链，同时在公路、桥梁、隧道、铁路等方面的工程建造能力在世界上也已经是首屈一指。中国基础设施建设的相关产业期望更快地走向国际。但亚洲经济体之间难以利用各自所具备的高额资本存量优势，缺乏有效的多边合作机制，缺乏把资本转化为基础设施建设的投资。

2013 年 10 月 2 日，中华人民共和国主席习近平在雅加达同印度尼西亚总统苏西洛举行会谈，习近平倡议筹建亚洲基础设施投资银行，促进本地区互联互通建设和经济一体化进程，向包括东盟国家在内的本地区发展中国家基础设施建设提供资金支持。新的亚洲基础设施投资银行将同域外现有多边开发银行合作，相互补充，共同促进亚洲经济持续稳定发展。同月，国家总理李克强出访东南亚时，紧接着再提筹建亚投行的倡议。

2016 年 1 月 16 日，国家主席习近平在亚洲基础设施投资银行开业仪式上发表致辞，习近平指出，2013 年 10 月，中国提出筹建亚投行的倡议，今天亚投行正式开业了。在短短两年多时间里，我们共同走过了一段不平凡的历程。2014 年 10 月，首批 22 个意向创始成员国代表签署了《筹建亚洲基础设施投资银行备忘录》。2015 年 6 月，50 个意向创始成员国代表共同签署《亚洲基础设施投资银行协定》，另外 7 个国家随后在年底前先后签署。2015 年 12 月，《亚洲基础设施投资银行协定》达到法定生效条件，亚投行正式宣告成立。亚投行正式成立并开业，将有效增加亚洲地区基础设施投资，多渠道动员各种资源特别是私营部门资金投入基础设施建设领域，推动区域互联互通和经济一体化进程，也有利于改善亚洲发展中成员国的投资环境，创造就业机会，提升中长期发展潜力，对亚洲乃至世界经济增长带来积极提振作用。

亚投行正式宣告成立，是国际经济治理体系改革进程中具有里程碑意义的重大事件，标志着亚投行作为一个多边开发银行的法人地位正式确立。秉持"简洁、廉洁、清洁"的核心价值观，亚投行赢得世界广泛信任，成员持续增加。通过在基础设施及其他生产性领域的投资，促进亚洲经济可持续发展、创造财富并改善基础设施互联互通；与其他多边和双边开发机构紧密合作，推进区域合作和伙伴关系，应对发展挑战。

9. 推进国家治理体系和治理能力现代化

"该怎么证明我妈是我妈！"这是北京市民陈先生的一句感慨。听起来有些好笑，却是他的真实遭遇。

2015年4月8日，陈先生一家三口准备出境旅游，需要明确一位亲人为紧急联络人，于是他想到了自己的母亲。可问题来了，需要书面证明他和他母亲是母子关系。可陈先生在北京的户口簿，只显示自己和老婆孩子的信息，而父母在江西老家的户口簿，早就没有了陈先生的信息。在陈先生为此感到头大时，有人指了一条道：到父母户口所在地派出所可以开这个证明。先别说派出所能不能顺利开出这个证明，光想到为这个证明要跑上近千公里，陈先生就头疼恼火："证明我妈是我妈，怎么就这么不容易？"而更令陈先生窝火的是，这一难题的解决，最终得益于向旅行社交了60元钱，就不需要再去证明他妈就是他妈了。

陈先生的遭遇，并非孤例，很多人在办事过程中遇到过类似令人啼笑皆非的证明：要证明你爸是你爸，要证明你没犯过罪，要证明你没结过婚，要证明你没有要过孩子，要证明你没买过房……这样那样的证明，有的听起来莫名其妙，办起来更让人东奔西跑还摸不着头脑。

为什么需要这么多的证明？证明过多过滥，除了审批事项太多外，还因为原本应由相关职能部门之间相互核实，但同级职能部门之间却互相推诿。说白了，就是要审批的事项很多，可谁也不愿担责。解决好这样的问题，需要进一步深化改革，打破政府各职能部门之间的信息"壁垒"。党的十八届三中全会（于2013年11月9日至12日在北京召开）通过了《中共中央关于全面深化改革若干重大问题的决定》，提出："全面深化改革的总目标是完善和发展中国特色社会主义制度，推进国家治理体系和治理能力现代化。"将推进国家治理体系和治理能力现代化作为全面深化改革的总目标，对于中国的政治发展，乃至整个中国的社会主义现代化事业来说，具有重大而深远的理论意义和现实意义。

国家治理体系和治理能力是一个国家制度和制度执行能力的集中体现。国家治理体系是在党领导下管理国家的制度体系，包括经济、政治、文化、社会、生态文明和党的建设等各领域体制机制、法律法规安排，也就是一整套紧密相连、相互协调的国家制度；国家治理能力则是运用国家制度管理社会各方面事务的能力，包括改革发展稳定、内政外交国防、治党治国治军等各个方面。推进国家治理体系和治理能力现代化，是坚持和发展中国特色社会主义的必然要求，也是实现社会主义现代化的应有之义。习近平总书记强调，改革开放以来，我们党开始以全新的角度思考国家治理体系问题，强调领导制度、组织制度问题更带有根本性、全局性、稳定性和长期性。今天，摆在我们面前的一项重大历史任务，就是推动中国特色社会主义制度更加成熟更加定型，为党和国家事业发展、为人民幸福安康、为社会和谐稳定、为国家长治久安提供一整套更完备、更稳定、更管用的制度体系。这项工程极为宏大，必须是全面的系统的改革和改进，是各领域改革和改进的联动和集成，在国家治理体系和治理能力现代化上形成总体效应、取得总体效果。

国家治理体系和治理能力是一个国家的制度和制度执行能力的集中体现，两者相辅相成。我们的国家治理体系和治理能力总体上是好的，是有独特优势的，是适应我国国情和发展要求的。同时，我们在国家治理体系和治理能力方面还有许多亟待改进的地方，在提高国家治理能力上需要下更大气力。只有以提高党的执政能力为重点，尽快把我们各级干部、各方面管理者的思想政治素质、科学文化素质、工作本领都提高起来，尽快把党和国家机关、企事业单位、人民团体、社会组织等的工作能力都提高起来，国家治理体系才能更加有效运转。推进国家治理体系和治理能力现代化，必须完整理解和把握全面深化改革的总目标，这是两句话组成的一个整体，即完善和发展中国特色社会主义制度、推进国家治理体系和治理能力现代化。我们的方向就是中国特色社会主义道路。

一个国家选择什么样的治理体系，是由这个国家的历史传承、文化传统、经济社会发展水平决定的，是由这个国家的人民决定的。我国今天的国家治理体系，是在我国历史传承、文化传统、经济社会发展的基础上长期发展、渐进改进、内生性演化的结果。我国国家治理体系需要改进和完善，但怎么改、怎么完善，我们要有主张、有定力。中华民族是一个兼容并蓄、海纳百川的民族，在漫长历史进程中，不断学习他人的好东西，把他人的好东西化成我们自己的东西，这才形成我们的民族特色。没有坚定的制度自信就不可能有全面深化改革的勇气，同样，离开不断改革，制度自信也不可能彻底、不可能久远。我们全面深化改革，是要使中国特色社会主义制度更好；我们说坚定制度自信，不是要固步自封，而是要不断革除体制机制弊端，让我们的制度成熟而持久。

以习近平同志为核心的党中央对国家治理体系和治理能力现代化进行顶层设计、全面谋划、整体推动，在理论创新与实践探索上均取得了重大成果。实践表明，我国国家制度和国家治理体系具有多方面的显著优势，逐渐把制度优势更好地转化为国家治理效能，为实现"两个一百年"奋斗目标、实现中华民族伟大复兴的中国梦提供了有力保证。党的十九届四中全会提出，坚持和完善中国特色社会主义制度、推进国家治理体系和治理能力现代化的总体目标是，到我们党成立一百年时，在各方面制度更加成熟更加定型上取得明显成效；到二〇三五年，各方面制度更加完善，基本实现国家治理体系和治理能力现代化；到新中国成立一百年时，全面实现国家治理体系和治理能力现代化，使中国特色社会主义制度更加巩固、优越性充分展现。

10. 设立防空识别区

20世纪50年代以来，包括一些大国和中国周边部分国家在内的20多个国家先后设立了防空识别区。中华人民共和国国防部2013年11月23日发布：中华人民共和国政府根据一九九七年三月十四日《中华人民共和国国防法》、一九九五年十月三十日《中华人民共和国民用航空法》和二〇〇一年七月二十七日《中华人民共和国飞行基本规则》，宣布划设中华人民共和国东海防空识别区。

中方的有关做法符合《联合国宪章》等国际法和国际惯例。《中华人民共和国国防法》《中华人民共和国民用航空法》《中华人民共和国飞行基本规则》等国内法规对维护国家领土领空安全和空中飞行秩序作出了明确规定。划设东海防空识别区，目的是捍卫国家主权和领土领空安全，维护空中飞行秩序。中国宣布划设东海防空识别区，是中央最高决策层酝酿再三的决定，此举是中国海空战略的重大突破。

中华人民共和国东海防空识别区具体范围为以下六点连线与中国领海线之间空域范围：北纬33度11分、东经121度47分，北纬33度11分、东经125度00分，北纬31度00分、东经128度20分，北纬25度38分、东经125度00分，北纬24度45分、东经123度00分，北纬26度44分、东经120度58分。

防空识别区是濒海国家为防范可能面临的空中威胁，在领空外划设的空域范围，用于及时识别、监视、管制和处置进入该空域的航空器，留出预警时间，保卫空防安全。这是中国有效行使自卫权的必要措施，不针对任何特定国家和目标，不影响有关空域的飞越自由。中国政府划设东海防空识别区有充分法律依据，也符合国际通行做法。中华人民共和国东海防空识别区的范围，是根据国家空防需求和维护空中飞行秩序需要确定的。防空识别区最东端距离中国依然最近，作战飞机自该点很快就能抵达中国领空。中方有必要从该点开始对航空器进行识别，判明其意图和属性，为采取相应处置措施留出预警时间，保卫空防安全。而且，相关国家早在 1969 年就公布实施了防空识别区，其距离中国大陆最近处也约为 130 公里。《中华人民共和国东海防空识别区航空器识别规则公告》对位于有关空域的航空器的识别作出了明确规定，这符合国际惯例。对于来自海上方向的空中威胁和不明飞行物，中方将根据不同情况，及时采取识别、监视、管制和处置等相应措施加以应对。中方一贯尊重各国依国际法享有的飞越自由，东海防空识别区的设立不改变有关空域的法律性质。国际航班在东海防空识别区内的正常飞行活动，不会受到任何影响。

中国划设东海防空识别区，是维护国家安全的防御性举措，是为了更好地维护东海上空航空器的正常飞行秩序，保证飞行安全。中国空军执行东海防空识别区空中警巡任务以来，对进入防空识别区的外国军机进行了监视掌握和识别判性，根据不同空中威胁采取相应措施，保卫了国家空防安全。

11. 湘源村村民成为了"有地的居民"

2015年，湖南省资兴市搞了生态移民搬迁的试点，回龙山瑶族乡湘源村有74户195名村民因地处采煤沉陷区，需择址异地安置。市里在中心城区的唐洞街道划出200亩土地作为新型城镇化生态移民示范区，并把该村作为新型城镇化生态移民、生态资源权利置换、户籍制度改革的试点，在农民自愿的基础上，允许农民将原农村宅基地通过适当补缴地域差价置换为城镇周边的集体建设用地、将土地承包经营权和林权置换为城镇社会保障、将农村集体资产所有权置换为股份合作社股权。2015年10月，该村34户65名村民集体转户为唐洞街道田心社区居民，成为"有地的居民"。

这只是城镇化工作中的一个微小的案例，早在2013年12月12日到13日，中央城镇化工作会议首次在北京举行。习近平总书记在会上发表重要讲话，分析城镇化发展形势，明确推进城镇化的指导思想、主要目标、基本原则、重点任务。李克强在讲话中论述了当前城镇化工作的着力点，提出了推进城镇化的具体部署，并作了总结讲话。

会议指出，城镇化是现代化的必由之路。推进城镇化是解决农业、农村、农民问题的重要途径，是推动区域协调发展的有力支撑，是扩大内需和促进产业升级的重要抓手，对全面建成小康社会、加快推进社会主义现代化具有重大现实意义和深远历史意义。会议认为，城镇化目标正确、方向对头，走出一条新路，将有利于释放内需巨大潜力，有利于提高劳动生产率，有利于破解城乡二元结构，有利于促进社会公平和共同富裕，而且世界经济和生态环境也将从中受益。

会议要求，推进城镇化必须从我国社会主义初级阶段基本国情出发，遵循规律，因势利导，使城镇化成为一个顺势而为、水到渠成的发展过程。推进城镇化既要积极、又要稳妥、更要扎实，方向要明，步子要稳，措施要实。会议要求，要紧紧围绕提高城镇化发展质量，稳步提高户籍人口城镇化水平；大力提高城镇土地利用效率、城镇建成区人口密度；切实提高能源利用效率，降低能源消耗和二氧化碳排放强度；高度重视生态安全，扩大森林、湖泊、湿地等绿色生态空间比重，增强水源涵养能力和环境容量；不断改善环境质量，减少主要污染物排放总量，控制开发强度，增强抵御和减缓自然灾害能力，提高历史文物保护水平。

会议要求，要以人为本，推进以人为核心的城镇化，提高城镇人口素质和居民生活质量，把促进有能力在城镇稳定就业和生活的常住人口有序实现市民化作为首要任务。要优化布局，根据资源环境承载能力构建科学合理的城镇化宏观布局，把城市群作为主体形态，促进大中小城市和小城镇合理分工、功能互补、协同发展。要坚持生态文明，着力推进绿色发展、循环发展、低碳发展，尽可能减少对自然的干扰和损害，节约集约利用土地、水、能源等资源。要传承文化，发展有历史记忆、地域特色、民族特点的美丽城镇。会议强调，推进城镇化，既要坚持使市场在资源配置中起决定性作用，又要更好发挥政府在创造制度环境、编制发展规划、建设基础设施、提供公共服务、加强社会治理等方面的职能；中央制定大政方针、确定城镇化总体规划和战略布局，地方则从实际出发，贯彻落实总体规划，制定相应规划，创造性开展建设和管理工作。

会议提出了推进城镇化的主要任务：

第一，推进农业转移人口市民化。主要任务是解决已经转移到城镇就业的农业转移人口落户问题，努力提高农民工融入城镇的素质和能力。要发展各具特色的城市产业体系，强化城市间专业化分工协作，增强中小城市产业承接能力。全面放开建制镇和小城市落户限制，有序放开中等城市落户限制，合理确定大城市落户条件，严格控制特大城市人口规模。推进农业转移人口市民化要坚持自愿、分类、有序。

第二，提高城镇建设用地利用效率。要按照严守底线、调整结构、深化改革的思路，严控增量，盘活存量，优化结构，提升效率，切实提高城镇建设用地集约化程度。耕地红线一定要守住，红线包括数量，也包括质量。按照促进生产空间集约高效、生活空间宜居适度、生态空间山清水秀的总体要求，形成生产、生活、生态空间的合理结构。减少工业用地，适当增加生活用地特别是居住用地，切实保护耕地、园地、菜地等农业空间，划定生态红线。按照守住底线、试点先行的原则稳步推进土地制度改革。

第三，建立多元可持续的资金保障机制。要完善地方税体系，逐步建立地方主体税种，建立财政转移支付同农业转移人口市民化挂钩机制。建立健全地方债券发行管理制度。推进政策性金融机构改革。鼓励社会资本参与城市公用设施投资运营。

第四，优化城镇化布局和形态。全国主体功能区规划对城镇化总体布局做了安排，提出了"两横三纵"的城市化战略格局，要一张蓝图干到底。要在中西部和东北有条件的地区，依靠市场力量和国家规划引导，逐步发展形成若干城市群，成为带动中西部和东北地区发展的重要增长极。科学设置开发强度，尽快把每个城市特别是特大城市开发边界划定，把城市放在大自然中，把绿水青山保留给城市居民。

第五，提高城镇建设水平。城市建设水平是城市生命力所在。城镇建设，要实事求是确定城市定位，科学规划和务实行动，避免走弯路；要依托现有山水脉络等独特风光，让城市融入大自然，让居民望得见山、看得见水、记得住乡愁；要融入现代元素，更要保护和弘扬传统优秀文化，延续城市历史文脉；要融入让群众生活更舒适的理念，体现在每一个细节中。要加强建筑质量管理制度建设。在促进城乡一体化发展中，要注意保留村庄原始风貌，慎砍树、不填湖、少拆房，尽可能在原有村庄形态上改善居民生活条件。

第六，加强对城镇化的管理。要制定实施好国家新型城镇化规划，加强重大政策统筹协调，各地区要研究提出符合实际的推进城镇化发展意见。培养一批专家型的城市管理干部，用科学态度、先进理念、专业知识建设和管理城市。建立空间规划体系，推进规划体制改革，加快规划立法工作。城市规划要由扩张性规划逐步转向限定城市边界、优化空间结构的规划。城市规划要保持连续性，不能政府一换届，规划就换届。

会议指出，走中国特色、科学发展的新型城镇化道路，核心是以人为本，关键是提升质量，与工业化、信息化、农业现代化同步推进。城镇化是长期的历史进程，要科学有序、积极稳妥地向前推进。新型城镇化要找准着力点，有序推进农村转移人口市民化，深入实施城镇棚户区改造，注重中西部地区城镇化。要实行差别化的落户政策，加强中西部地区重大基础设施建设和引导产业转移。要加强农民工职业培训和保障随迁子女义务教育，努力改善城市生态环境质量。在具体工作中，要科学规划实施，加强相关法规、标准和制度建设。坚持因地制宜，探索各具特色的城镇化发展模式。

12. 十八洞村的小伙子"脱单"了

十八洞村是湖南省湘西自治州花垣县的一个普通村落，地处武陵山腹地。因村旁山中有 18 个天然溶洞，故名为十八洞村。村内巉岩高耸，涧水幽蓝。与秀美风景形成对比的是，因深处大山之中，人多地少，生存条件恶劣。全村 225 户、939 人，人均耕地 0.83 亩。村里的劳动力大多外出在浙江一带务工，留在村里的非老即小。贫穷与落后让村里许多小伙子都成了光棍，生活没盼头。

2013 年 11 月 3 日，习近平总书记来到十八洞村，首先走进位于村口的石爬专老人的家。"该怎么称呼你？"石爬专老人问。"这是总书记。"村委会主任介绍。习近平总书记握住老人的手询问年纪，听说老人 64 岁了，总书记说："你是大姐。"之后，总书记还来到了施成富家里，在施成富家门前空地上，习近平总书记同聚拢来的村干部和村民拉家常、话发展。总书记深情地说，我这次到湘西来，主要是看望乡亲们，同大家一起商量脱贫致富奔小康之策，看到一些群众生活还很艰苦，感到责任重大。那天在座谈中，村民们告诉总书记，除了贫困，村里光棍汉多，娶不上媳妇。总书记勉励大家，要加油干，等穷根斩断了，日子好过了，媳妇自然会娶进来。一席话，听得大伙儿都笑了。

也就是在这次座谈会上，习近平总书记首次提出"精准扶贫"。在那之后，十八洞村用了 3 年多的时间摘掉了贫困帽，小伙子们也都逐渐成了家。2017 年 6 月 23 日，总书记在深度贫困地区脱贫攻坚座谈会上，就讲到了十八洞村小伙子"脱单"的故事。

　　精准扶贫是粗放扶贫的对称,是指针对不同贫困区域环境、不同贫困农户状况,运用科学有效程序对扶贫对象实施精确识别、精确帮扶、精确管理的治贫方式。一般来说,精准扶贫主要是就贫困居民而言的,谁贫困就扶持谁。推进精准扶贫,加大帮扶力度,是缓解贫困、实现共同富裕的内在要求,也是实现全面小康和现代化建设的一场攻坚战。习近平总书记表示,扶贫要实事求是,因地制宜。要精准扶贫,切忌喊口号,也不要定好高骛远的目标。三件事要做实:一是发展生产要实事求是,二是要有基本公共保障,三是下一代要接受教育。各级党委和政府都要想方设法,把现实问题一件件解决,探索可复制的经验。

　　2014年1月,中办详细规制了精准扶贫工作模式的顶层设计,推动了"精准扶贫"思想落地。2014年3月,习近平总书记参加全国两会代表团审议时强调,要实施精准扶贫,瞄准扶贫对象,进行重点施策。进一步阐释了精准扶贫理念。2015年1月,习近平总书记新年首个调研地点选择了云南,总书记强调坚决打好扶贫开发攻坚战,加快民族地区经济社会发展。5个月后,总书记来到与云南毗邻的贵州省,强调要科学谋划好"十三五"时期扶贫开发工作,确保贫困人口到2020年如期脱贫,并提出扶贫开发"贵在精准,重在精准,成败之举在于精准",提出了扶贫开发工作"六个精准"的基本要求,即扶持对象精准、项目安排精准、资金使用精准、措施到户精准、因村派人精准、脱贫成效精准。"六个精准"的提出,为精准扶贫指明了努力的方向,"精准扶贫"成为各界热议的关键词。

　　2015年10月16日,习近平总书记在2015减贫与发展高层论坛上强调,中国扶贫攻坚工作实施精准扶贫方略,增加扶贫投入,出台优惠政策措施,坚持中国制度优势,注重六个精准,坚持分类施策,因人因地施策,因贫困原因施策,因贫困类型施策,通过扶持生产和就业发展一批,通过易地搬迁安置一批,通过生态保护脱贫一批,通过教育扶贫脱贫一批,通过低保政策兜底一批,广泛动员全社会力量参与扶贫。2017年2月21日，习近平总书记在中共中央政治局第三十九次集体学习时强调，要强化领导责任、强化资金投入、强化部门协同、强化东西协作、强化社会合力、强化基层活力、强化任务落实，集中力量攻坚克难，更好推进精准扶贫、精准脱贫，确保如期实现脱贫攻坚目标。

13. 山东舰：第一艘国产航母

航母是海军的宠儿，是国之重器，是世界上最庞大、最复杂、威力最强的武器之一，是一个国家综合国力的象征。中国人民解放军海军山东舰是中国首艘自主建造的国产航母，基于对苏联库兹涅佐夫级航空母舰、中国辽宁号航空母舰的研究，由中国自行改进研发而成，是中国真正意义上的第一艘国产航空母舰。

2013年底，大连造船厂举行了航母钢板的切割仪式，这意味着中国第一艘国产航母正式开工建造。2015年3月开始坞内建造，并于2017年4月26日下水。这是我国自行研制的首艘航空母舰，也是我国第二艘航空母舰。首艘国产航空母舰下水，体现中国海军装备水平的跃升，标志我国自主设计建造航空母舰取得重大阶段性成果，彰显中国国家整体力量的提升。

2018年5月13日至18日，首艘国产航母完成了首次试航任务返港，8月26日，国产航母开赴相关海域开展第二次海试。10月28日上午，出海进行第三次海试。2019年12月17日，山东舰在海南三亚某军港交付海军。中共中央总书记、国家主席、中央军委主席习近平出席交接入列仪式，将八一军旗、命名证书分别授予山东舰舰长、政治委员。丁薛祥、刘鹤、何立峰以及李作成出席仪式。中央军委副主席张又侠主持仪式，宣布我国第一艘国产航母交接入列和舰名、舷号。中国船舶集团有限公司董事长雷凡培、海军司令员沈金龙在仪式上先后发言。经中央军委批准，我国第一艘国产航母命名为"中国人民解放军海军山东舰"，舷号为"17"。

　　航母无愧于"大国重器"美誉，作为一种当之无愧的战略级武器，对任何一个拥有领海主权的国家都是梦寐以求的。国产航母下水了，这再次证明了中国的综合国力。作为真正意义上的国产首艘航母，从设计到建造，全部由我国自主完成，它的研制和建造，标志着我国已经掌握了建造中型航母，以及后续更大型航母的能力，意义重大。

14."四个全面"

党的十八大之后，以习近平同志为核心的党中央，紧紧围绕坚持和发展中国特色社会主义这个主题，带领全党全国各族人民励精图治、攻坚克难，改革发展各项事业取得重大成就、开创崭新局面。提出了"四个全面"战略布局，即"全面建成小康社会、全面深化改革、全面依法治国、全面从严治党"，每一个"全面"，都是一整套结合实际、继往开来、勇于创新、独具特色的系统思想。四个"全面"加起来，相辅相成、相得益彰，是我们党治国理政方略与时俱进的新创造、马克思主义与中国实践相结合的新飞跃。

习近平总书记提出"四个全面"，是全面吹响了治国理政的"集结号"，不仅让人回味无穷，而且令人热血沸腾。这是以习近平同志为核心的党中央从坚持和发展中国特色社会主义全局出发提出的战略布局，是党中央治国理政的总方略，是实现"两个一百年"奋斗目标、走向中华民族伟大复兴中国梦的"路线图"。

"四个全面"战略布局的提出，充分体现了党中央特别是习近平总书记的全局视野和战略眼光。回顾"四个全面"的提出过程，大致有如下几个关节点。

第一，党的十八大提出全面建成小康社会。2012年11月，党的十八大，在党的历史上第一次提出了我国进入全面建成小康社会的决定性阶段，并在党的十六大、十七大确定的全面建设小康社会奋斗目标的基础上提出了全面建成小康社会的新要求。党的十八大还统一提出了全面建成小康社会和全面深化改革开放的目标，强调必须以更大的政治勇气和智慧，不失时机深化重要领域改革，坚决破除一切妨碍科学发展的思想观念和体制机制弊端，构建系统完备、科学规范、运行有效的制度体系，使各方面制度更加成熟更加定型。

第二，党的十八届三中全会提出全面深化改革。2013年11月，党的十八届三中全会作出了《中共中央关于全面深化改革若干重大问题的决定》，吹响了全面深化改革的进军号。党的十八届三中全会之所以把全面深化改革作为主题，一是因为中央认为，要完成党的十八大提出的各项战略目标和工作部署，必须抓紧推进全面改革。二是因为党的十一届三中全会召开35年来改革开放的成功实践和伟大成就充分证明，改革开放是党在新的时代条件下带领全国各族人民进行的新的伟大革命，是当代中国最鲜明的特色，是决定当代中国命运的关键抉择，是党和人民事业大踏步赶上时代的重要法宝。三是因为新形势的客观要求。当前，国内外环境都在发生极为广泛而深刻的变化，我国发展面临一系列突出矛盾和挑战，前进道路上还有不少困难和问题。解决这些问题，关键在于深化改革。四是因为新任务的迫切要求。全面建成小康社会，进而建成富强民主文明和谐的社会主义现代化国家、实现中华民族伟大复兴的中国梦，必须在新的历史起点上全面深化改革。总之，实践发展永无止境，解放思想永无止境，改革开放也永无止境，停顿和倒退没有出路，改革开放只有进行时、没有完成时。我们只有通过全面深化改革，才能解决我国发展面临的一系列突出矛盾和问题，才能破除影响全面深化改革的思想阻力和利益藩篱，才能建立健全不断推进中国特色社会主义制度自我完善和发展的体制和机制。

第三，党的十八届四中全会提出全面依法治国。2014年10月，党的十八届四中全会，作出了《中共中央关于全面推进依法治国若干重大问题的决定》，开启了全面推进依法治国、加快建设社会主义法治国家的历史进程。党的十八届四中全会之所以以全面推进依法治国为主题，一是因为党的十八大提出了全面建成小康社会的奋斗目标，其中建设社会主义法治国家是全面小康目标之一。党的十八大指出：法治是治国理政的基本方式，要加快建设社会主义法治国家，全面推进依法治国；到 2020 年，依法治国基本方略全面落实，法治政府基本建成，司法公信力不断提高，人权得到切实尊重和保障。二是因为党的十八届三中全会对全面深化改革作出了顶层设计，其中之一是建设法治中国，坚持依法治国、依法执政、依法行政共同推进，法治国家、法治政府、法治社会一体建设。实现这个奋斗目标，落实这个顶层设计，需要从法治上提供可靠保障。三是因为现在，全面建成小康社会进入决定性阶段，改革进入攻坚期和深水区。我们党面对的改革发展稳定任务之重前所未有、矛盾风险挑战之多前所未有，依法治国在党和国家工作全局中的地位更加突出、作用更加重大。我们要实现党的十八大和十八届三中全会作出的一系列战略部署，全面建成小康社会、实现中华民族伟大复兴的中国梦，全面深化改革、完善和发展中国特色社会主义制度，就必须在全面推进依法治国上作出总体部署、采取切实措施、迈出坚实步伐。

第四，习近平总书记在党的群众路线教育实践活动总结大会上的讲话中提出全面从严治党。2014 年 10 月，习近平同志在党的群众路线教育实践活动总结大会上的讲话中，在总结了开展党的群众路线教育实践活动取得的重要成果和重要经验的基础上，特别强调了两点：一是在新的历史起点上坚持和发展中国特色社会主义，我们党面临的执政考验、改革开放考验、市场经济考验、外部环境考验是长期的、复杂的、严峻的，精神懈怠危险、能力不足危险、脱离群众危险、消极腐败危险更加尖锐地摆在全党面前。二是历史使命越光荣，奋斗目标越宏伟，执政环境越复杂，我们就越要增强忧患意识，越要从严治党，做到"为之于未有，治之于未乱"，使我们党永远立于不败之地。因此，习近平总书记提出了从严治党的八个方面，即落实从严治党责任、坚持思想建党和制度治党紧密结合、严肃党内政治生活、坚持从严管理干部、持续深入改进作风、严明党的纪律、发挥人民监督作用、深入把握从严治党规律。

第五，习近平总书记在江苏调研时把"四个全面"作为党治国理政的战略布局提出来。2014年12月，习近平总书记在江苏调研时强调，要主动把握和积极适应经济发展新常态，协调推进全面建成小康社会、全面深化改革、全面推进依法治国、全面从严治党，推动改革开放和社会主义现代化建设迈上新台阶。这是习近平总书记第一次提出"四个全面"，并强调协调推进"四个全面"，从而意寓着"四个全面"之间相互联系、不可分割的关系。

2015年2月2日，习近平总书记在中央党校省部级主要领导干部学习贯彻十八届四中全会精神全面推进依法治国专题研讨班开班仪式上的讲话中，集中论述了"四个全面"及其之间的逻辑关系。这是习近平总书记首次在正式讲话场合集中阐述四者关系，指出，党的十八大以来，党中央从坚持和发展中国特色社会主义全局出发，提出并形成了全面建成小康社会、全面深化改革、全面依法治国、全面从严治党的战略布局。这个战略布局，既有战略目标，也有战略举措，每一个"全面"都具有重大战略意义。从2014年12月习近平总书记在江苏调研时把"四个全面"作为党治国理政的战略布局第一次提出来至此，一年多的时间里，在习近平总书记的公开讲话与文章中，"四个全面"的概念高频率出现达60余次。"四个全面"提出一年多来，在国内外产生重大影响。对内，"四个全面"展现了新一届党中央治国理政的总方略和总框架，成为统领全局的施政方略；对外，"四个全面"成为国际社会了解中国发展道路、发展方略的重要窗口，也为解决当今世界性难题贡献了中国经验、中国智慧。

"四个全面"的提出，是习近平同志经过酝酿、深思熟虑形成的。"四个全面"非常鲜明地展现了以习近平同志为核心的党中央的治国思路，比笼统地谈"治国理政"更加具体化、形象化，更易于全党和全国人民接受、理解和实践。我们要把"四个全面"作为治国理政的全新战略布局，努力做到"四个全面"相辅相成、相互促进、相得益彰。2020年10月，党的十九届五中全会强调，"统筹推进经济建设、政治建设、文化建设、社会建设、生态文明建设的总体布局，协调推进全面建设社会主义现代化国家、全面深化改革、全面依法治国、全面从严治党的战略布局"，并指出，"全党全国各族人民要再接再厉、一鼓作气，确保如期打赢脱贫攻坚战，确保如期全面建成小康社会、实现第一个百年奋斗目标，为开启全面建设社会主义现代化国家新征程奠定坚实基础"。这表明"四个全面"战略布局的内涵，正式由"全面建成小康社会、全面深化改革、全面依法治国、全面从严治党"发展为"全面建设社会主义现代化国家、全面深化改革、全面依法治国、全面从严治党"。

15. 京津冀协同发展

21世纪的北京，繁华前所未有，却受到"大城市病"的困扰。首都变"首堵"，北京人口过度膨胀，雾霾天气频现，交通日益拥堵，房价持续高涨，资源环境承载力严重不足，造成这些问题的根本原因是北京集聚了过多的非首都功能。把脉问诊、开方抓药，以习近平同志为核心的党中央总揽全局，为治理北京"大城市病"望闻问切、全面谋划，推动破解"大城市病"的中国探索。

打蛇打七寸，抓要抓关键。"要坚持和强化首都核心功能，调整和弱化不适宜首都的功能，把一些功能转移到河北、天津去，这就是大禹治水的道理。"从传统文化中汲取智慧，在直面问题中破解难题。推动京津冀协同发展，就是良方。这是以习近平同志为核心的党中央在新的历史条件下做出的重大决策部署，是一个重大国家战略。2014年2月26日，习近平总书记在北京主持召开座谈会，专题听取京津冀协同发展工作汇报，强调实现京津冀协同发展、创新发展，是面向未来打造新的首都经济圈、推进区域发展体制机制创新的需要，是探索完善城市群布局和形态、为优化开发区域发展提供示范和样板的需要，是探索生态文明建设有效路径、促进人口经济资源环境相协调的需要，是实现京津冀优势互补、促进环渤海经济区发展、带动北方腹地发展的需要。2015年4月30日，中央政治局召开会议，审议通过《京津冀协同发展规划纲要》。

京津冀协同发展，核心是京津冀三地作为一个整体协同发展，要以疏解非首都功能、解决北京"大城市病"为基本出发点，调整优化城市布局和空间结构，构建现代化交通网络系统，扩大环境容量生态空间。北京、天津、河北人口加起来有1亿多，土地面积有21.6万平方公里，京津冀地缘相接、人缘相亲，地域一体、文化一脉，历史渊源深厚、交往半径相宜，完全能够相互融合、协同发展。推进京津冀协同发展，要立足各自比较优势、立足现代产业分工要求、立足区域优势互补原则、立足合作共赢理念，以京津冀城市群建设为载体、以优化区域分工和产业布局为重点、以资源要素空间统筹规划利用为主线、以构建长效体制机制为抓手，从广度和深度上加快发展。推进京津双城联动发展，要加快破解双城联动发展存在的体制机制障碍，按照优势互补、互利共赢、区域一体原则，以区域基础设施一体化和大气污染联防联控作为优先领域，以产业结构优化升级和实现创新驱动发展作为合作重点，把合作发展的功夫主要下在联动上，努力实现优势互补、良性互动、共赢发展。习近平总书记就推进京津冀协同发展提出7点要求。一是要着力加强顶层设计，抓紧编制首都经济圈一体化发展的相关规划，明确三地功能定位、产业分工、城市布局、设施配套、综合交通体系等重大问题，并从财政政策、投资政策、项目安排等方面形成具体措施。二是要着力加大对协同发展的推动，自觉打破自家"一亩三分地"的思维定式，抱团朝着顶层设计的目标一起做，充分发挥环渤海地区经济合作发展协调机制的作用。三是要着力加快推进产业对接协作，理顺三地产业发展链条，形成区域间产业合理分布和上下游联动机制，对接产业规划，不搞同构性、同质化发展。四是要着力调整优化城市布局和空间结构，促进城市分工协作，提高城市群一体化水平，提高其综合承载能力和内涵发展水平。五是要着力扩大环境容量生态空间，加强生态环境保护合作，在已经启动大气污染防治协作机制的基础上，完善防护林建设、水资源保护、水环境治理、清洁能源使用等领域合作机制。六是要着力构建现代化交通网络系统，把交通一体化作为先行领域，加快构建快速、便捷、高效、安全、大容量、低成本的互联互通综合交通网络。七是要着力加快推进市场一体化进程，下决心破除限制资本、技术、产权、人才、劳动力等生产要素自由流动和优化配置的各种体制机制障碍，推动各种要素按照市场规律在区域内自由流动和优化配置。

16. 抓"木马"、打"僵尸"

　　木马这个名字来源于古希腊传说荷马史诗中木马计的故事，Trojan 一词的本意是特洛伊的木马，即代指特洛伊木马，也就是木马计的故事。木马程序是目前比较流行的病毒文件，与一般的病毒不同，它不会自我繁殖，也并不刻意地去感染其他文件，它通过将自身伪装吸引用户下载执行，向施种木马者提供打开被种主机的门户，使施种者可以任意毁坏、窃取被种者的文件，甚至远程操控被种主机。木马病毒的产生严重危害着现代网络的安全运行。

　　僵尸，这里指的是僵尸网络病毒，通过连接 IRC 服务器进行通信从而控制被攻陷的计算机。僵尸网络（BotNet），是互联网上受到黑客集中控制的一群计算机，往往被黑客用来发起大规模的网络攻击，如分布式拒绝服务攻击（DDoS）、海量垃圾邮件等，同时黑客控制的这些计算机所保存的信息也都可被黑客随意"取用"。

　　中国是网络攻击的主要受害国，在 2013 年 1 月 1 日至 2 月 28 日不足 60 天的时间里，境外 6747 台木马或僵尸网络控制服务器控制了中国境内 190 万余台主机。典型的有：2013 年 2 月 24 日中国西藏网的邮件系统分别被植入后门。2013 年 2 月 22 日，中国网英文版企业分站遭到源自美国地址的攻击，页面遭恶意篡改。2013 年 1 月 28 日人民网 IP 地址遭受来自境外的 DDoS 攻击，18：30—20：20 之间出现明显异常流量，峰值流量达 100Mbps，约为正常流量的 12 倍，其中 UDP 流量占 95%，约有 88% 来自境外。2012 年 9 月至 2013 年 2 月，某重要政府部门、某省考试院、某财产保险股份有限公司、某科研院武汉病毒所等中国 85 个重要政府部门、重要信息系统、科研机构等单位网站被境外入侵并植入网站后门，其中有 39 个单位网站是被源自美国的地址入侵。侵犯个人隐私、损害公民合法权益等违法行为时有发生。

怎么有效处理互联网发展出现的问题？2014 年 2 月 27 日，中央网络安全和信息化领导小组成立。该领导小组将着眼国家安全和长远发展，统筹协调涉及经济、政治、文化、社会及军事等各个领域的网络安全和信息化重大问题，研究制定网络安全和信息化发展战略、宏观规划和重大政策，推动国家网络安全和信息化法治建设，不断增强安全保障能力。

2014 年是中国接入国际互联网 20 周年。20 年来，中国互联网抓住机遇，快速推进，成果斐然。据中国互联网网络信息中心发布的报告，截至 2013 年底，中国网民规模突破 6 亿，其中通过手机上网的网民占 80%；手机用户超过 12 亿，国内域名总数 1844 万个，网站近 400 万家，全球十大互联网企业中我国有 3 家。2013 年网络购物用户达到 3 亿，全国信息消费整体规模达到 2.2 万亿元人民币，同比增长超过 28%，电子商务交易规模突破 10 万亿元人民币。中国已是名副其实的"网络大国"。

中国离网络强国目标仍有差距，在自主创新方面还相对落后，区域和城乡差异比较明显，特别是人均带宽与国际先进水平差距较大，国内互联网发展瓶颈仍然较为突出。以信息化驱动工业化、城镇化、农业现代化、国家治理体系和治理能力现代化的任务十分繁重。我国不同地区间"数字鸿沟"及其带来的社会和经济发展问题都需要尽快解决。同时，中国面临的网络安全方面的任务和挑战日益复杂和多元。我国网络管理体制由于历史原因，造成"九龙治水"的管理格局。习近平总书记在对中共十八届三中全会《决定》的说明中明确表示，"面对互联网技术和应用飞速发展，现行管理体制存在明显弊端，主要是多头管理、职能交叉、权责不一、效率不高。同时，随着互联网媒体属性越来越强，网上媒体管理和产业管理远远跟不上形势发展变化。"2013年以来，中国政府采取了一系列重大举措加大网络安全和信息化发展的力度。《国务院关于促进信息消费扩大内需的若干意见》强调，加强信息基础设施建设，加快信息产业优化升级，大力丰富信息消费内容，提高信息网络安全保障能力。党的十八届三中全会《决定》明确提出，要坚持积极利用、科学发展、依法管理、确保安全的方针，加大依法管理网络力度，完善互联网管理领导体制。

到2014年，已有40多个国家颁布了网络空间国家安全战略，仅美国就颁布了40多份与网络安全有关的文件。美国还在白宫设立"网络办公室"，并任命首席网络官，直接对总统负责。2014年2月，总统奥巴马又宣布启动美国《网络安全框架》。德国总理默克尔2月19日与法国总统奥朗德探讨建立欧洲独立互联网，拟从战略层面绕开美国以强化数据安全。欧盟三大领导机构明确，计划在2014年底通过欧洲数据保护改革方案。作为中国亚洲邻国，日本和印度也一直在积极行动。日本2013年6月出台《网络安全战略》，明确提出"网络安全立国"。印度2013年5月出台《国家网络安全策略》，目标是"安全可信的计算机环境"。因此，接轨国际，建设坚固可靠的国家网络安全体系，是中国必须作出的战略选择。

中央网络安全和信息化领导小组的成立是以规格高、力度大、立意远来统筹指导中国迈向网络强国的发展战略，在中央层面设立一个更强有力、更有权威性的机构。体现了中国最高层全面深化改革、加强顶层设计的意志，显示出在保障网络安全、维护国家利益、推动信息化发展的决心。这是中共落实十八届三中全会精神的又一重大举措，是中国网络安全和信息化国家战略迈出的重要一步，标志着这个拥有6亿网民的网络大国加速向网络强国挺进。

2018年3月，中共中央印发了《深化党和设立国家机构改革方案》，将中央网络安全和信息化领导小组改为中央网络安全和信息化委员会。

17. 中国人民抗日战争胜利纪念日

2015年9月2日上午，中国人民抗日战争胜利70周年纪念章颁发仪式在北京人民大会堂隆重举行。习近平总书记强调，"天地英雄气，千秋尚凛然。"一个有希望的民族不能没有英雄，一个有前途的国家不能没有先锋。包括抗战英雄在内的一切民族英雄，都是中华民族的脊梁，他们的事迹和精神都是激励我们前行的强大力量。

2014年2月27日，十二届全国人大常委会第七次会议经表决通过了两个决定，将9月3日确定为中国人民抗日战争胜利纪念日，将12月13日确定为南京大屠杀死难者国家公祭日。设立纪念日和公祭日，是为了牢记历史、不忘过去、珍爱和平、开创未来，表明中国人民坚决维护国家主权、领土完整和世界和平的坚定立场。

全国人大常委会关于确定中国人民抗日战争胜利纪念日的决定指出，中国人民抗日战争，是中国人民抵抗日本帝国主义侵略的正义战争，是世界反法西斯战争的重要组成部分，是近代以来中国反抗外敌入侵第一次取得完全胜利的民族解放战争。中国人民抗日战争的胜利，成为中华民族走向振兴的重大转折点，为实现民族独立和人民解放奠定了重要基础。为了牢记历史，铭记中国人民反抗日本帝国主义侵略的艰苦卓绝的斗争，缅怀在中国人民抗日战争中英勇献身的英烈和所有为中国人民抗日战争胜利作出贡献的人们，彰显中国人民抗日战争在世界反法西斯战争中的重要地位，表明中国人民坚决维护国家主权、领土完整和世界和平的坚定立场，弘扬以爱国主义为核心的伟大民族精神，激励全国各族人民为实现中华民族伟大复兴的中国梦而共同奋斗，决定将9月3日确定为中国人民抗日战争胜利纪念日，每年9月3日国家举行纪念活动。

全国人大常委会以立法形式确定纪念日，充分反映了全国各族人民共同心声：表示历史越来越远，但记忆应该保鲜，中国人要拧成一股绳，实现中国梦。

全国人大常委会以立法形式确立纪念日，集中反映了中国人民的共同意志，表明了中国人民坚决维护国家主权和领土完整的坚定立场，表明了中国人民反对侵略战争、捍卫人类尊严、维护世界和平的坚定立场。依照全国人大常委会的决定，隆重地举行法定的、国家层面的纪念和悼念活动，目的是要牢记中国人民抗日战争的伟大意义，充分认识中国人民抗日战争在世界反法西斯战争中的重要地位和巨大贡献，充分认识中国人民抗日战争胜利为实现民族独立和人民解放奠定的重要基础，永远铭记中国人民反抗日本帝国主义侵略的艰苦卓绝斗争；牢记日本帝国主义侵略给中国人民和世界人民造成的深重灾难，警醒全世界人民时刻警惕日本为军国主义侵略历史翻案，维护第二次世界大战胜利成果和确立的战后国际秩序；弘扬以爱国主义为核心的伟大民族精神，激励全国各族人民为实现中华民族伟大复兴的中国梦、促进人类和平与发展的崇高事业而共同奋斗。

在中华民族的复兴征程上，这是两个具有特殊意义的日子。一个是1945年9月2日日本政府正式签订投降书，9月3日举国同庆，中国人民取得抗日战争的伟大胜利，也标志着世界反法西斯战争的完全胜利。一个是1937年12月13日，三十多万同胞惨遭日本侵略者杀戮。全国人大常委会首次以立法形式将这两个日子分别确定和设立为国家层面的纪念日。这一将重大纪念活动制度化、规范化的国家行动，集中反映了全体中国人民的共同意愿和心声。

1931年9月18日，日本帝国主义侵略者策动"九一八事变"，进而侵占中国的东北，并于1937年7月7日，悍然发动全面侵华战争，犯下了屠杀、奸淫、焚烧、掠夺等一系列惨绝人寰的罪行，南京大屠杀是其无数暴行中最集中、最突出、最具有代表性的一起，是人类文明史上泯灭良知、灭绝人性和践踏文明的残忍暴行。在中华民族的危难之际，中国人民彻底觉醒和顽强奋起，在中国共产党抗日民族统一战线的旗帜下，以国共合作为基础，全体中华儿女万众一心、共赴国难，与日本侵略者进行了长达14年的艰苦卓绝的斗争，最终取得了近代以来中国反抗外敌入侵的民族解放战争的第一次完全胜利，开启了中华民族走向振兴的重大转折。

忘记历史就等于背叛，铭记历史才能开创未来。中国人民抗日战争暨世界反法西斯战争胜利，是正义战胜邪恶、光明战胜黑暗、进步战胜反动的伟大胜利，值得我们永远纪念。中国人民反抗日本帝国主义侵略的不屈不挠斗争，值得人们永远铭记。在这一战争中，所有英勇献身的英烈和为之作出贡献的人们，值得人们永远缅怀。在日本帝国主义侵华期间，南京大屠杀惨案及日本侵略者制造的其他灭绝人性的惨案，值得人们永远牢记。

通过立法确立纪念日和公祭日，并举行纪念和悼念活动，是国际通行做法。让中国人民缅怀先烈，纪念为抗战作出贡献的人们，为的就是要牢记历史、不忘过去、珍爱和平、开创未来，表明中国人民坚决维护国家主权、领土完整和世界和平的坚定立场；为的就是要牢记侵略战争给中国人民和世界人民造成的深重灾难，表明中国人民反对侵略战争、捍卫人类尊严、维护世界和平的坚定立场。同时，也是为了警醒全世界人民时刻警惕日本军国主义死灰复燃，避免历史悲剧的重演，更好地维护世界和平。

中国人民比历史上任何时期都更接近民族复兴的伟大梦想。越是在这样的时候，越是要铭记历史，越不能忘记我们所走过的艰辛曲折的道路，越不能忘记无数英烈先辈所作出的贡献和付出的牺牲。在铭记历史中砥砺民族复兴的坚强信念，弘扬以爱国主义为核心的伟大民族精神，中国人民就必定能完成几代中国人的夙愿，实现中华民族伟大复兴的梦想。

18. 提出"三严三实"

2014年3月9日下午，人民大会堂西大厅春意融融。中共中央总书记、国家主席、中央军委主席习近平来到十二届全国人大二次会议安徽代表团，与代表们共商国是。下午3时许，习近平总书记面带微笑，迈着矫健的步伐，走入会场。全场顿时响起一阵热烈的掌声。

总书记的深情关怀，使安徽代表团全体代表如沐春风，给安徽人民带来巨大鼓舞。总书记认真倾听代表团的汇报，不时微笑点头，表示充分肯定。在认真听取代表们发言后，习近平总书记发表了重要讲话，对安徽工作给予充分肯定，并从战略和全局的高度，对安徽下一步发展作了重要指示。总书记在关于推进作风建设的讲话中，提到"既严以修身、严以用权、严以律己，又谋事要实、创业要实、做人要实"。习近平总书记指出，严以修身，就是要加强党性修养，坚定理想信念，提升道德境界，追求高尚情操，自觉远离低级趣味，自觉抵制歪风邪气。严以用权，就是要坚持用权为民，按规则、按制度行使权力，把权力关进制度的笼子里，任何时候都不搞特权、不以权谋私。严以律己，就是要心存敬畏、手握戒尺、慎独慎微、勤于自省，遵守党纪国法，做到为政清廉。谋事要实，就是要从实际出发谋划事业和工作，使点子、政策、方案符合实际情况、符合客观规律、符合科学精神，不好高骛远，不脱离实际。创业要实，就是要脚踏实地、真抓实干，敢于担当责任，勇于直面矛盾，善于解决问题，努力创造经得起实践、人民、历史检验的实绩。做人要实，就是要对党、对组织、对人民、对同志忠诚老实，做老实人、说老实话、干老实事，襟怀坦白，公道正派。要发扬钉钉子精神，保持力度、保持韧劲，善始善终、善作善成，不断取得作风建设新成效。

2014年3月17日至18日，习近平总书记在河南省兰考县调研指导党的群众路线教育实践活动时的讲话中提到，作风问题本质上是党性问题。抓作风建设，就要返璞归真、固本培元，重点突出坚定理想信念、践行根本宗旨、加强道德修养。一是正确认识和处理人际关系，做到既有人情味又按原则办，特别是当个人感情同党性原则、私人关系同人民利益相抵触时，必须毫不犹豫站稳党性立场，坚定不移维护人民利益。二是下决心减少应酬，保持健康的工作方式和生活方式，多学习充电、消化政策，多下基层调查研究、掌握第一手情况，多系统思考和解决存在的突出问题，自觉远离那些庸俗的东西。三是实实在在做人做事，做到严以修身、严以用权、严以律己，谋事要实、创业要实、做人要实，堂堂正正、光明磊落，敢于担当责任，勇于直面矛盾，善于解决问题，不搞"假大空"。四是对一切腐蚀诱惑保持高度警惕，慎独慎初慎微，做到防微杜渐。

2014年10月8日，习近平总书记在党的群众路线教育实践活动总结大会上的讲话中指出，领导干部要严以修身、严以用权、严以律己，谋事要实、创业要实、做人要实。这些要求是共产党人最基本的政治品格和做人准则，也是党员、干部的修身之本、为政之道、成事之要。我们现在对党员、干部的要求是不是过严了？答案是否定的。很多要求早就有了，是最基本的要求。现在的主要倾向不是严了，而是失之于宽、失之于软，不存在严过头的问题。

2015年4月10日，中共中央办公厅印发《关于在县处级以上领导干部中开展"三严三实"专题教育方案》（以下简称《方案》），对2015年在县处级以上领导干部中开展"三严三实"专题教育作出安排。《方案》要求，开展"三严三实"专题教育，要深入学习贯彻党的十八大和十八届三中、四中全会精神，深入学习贯彻习近平总书记系列重要讲话精神，紧紧围绕协调推进"四个全面"战略布局，对照

"严以修身、严以用权、严以律己，谋事要实、创业要实、做人要实"的要求，聚焦对党忠诚、个人干净、敢于担当，着力解决"不严不实"问题，切实增强践行"三严三实"要求的思想自觉和行动自觉，努力在深化"四风"整治、巩固和拓展党的群众路线教育实践活动成果上见实效，在守纪律讲规矩、营造良好政治生态上见实效，在真抓实干、推动改革发展稳定上见实效。

总之，"三严三实"体现着共产党人的价值追求和政治品格，明确了领导干部的修身之本、为政之道、成事之要。"三严三实"的要求，抓住了党员干部做人从政的根本，明确了干事创业的准则，划定了为官律己的红线，是中央对党员领导干部作风建设提出的新要求。通过开展专题教育，推动了领导干部自觉践行"三严三实"，在深化"四风"整治、巩固和拓展党的群众路线教育实践活动成果上见到了实效，在守纪律讲规矩、营造良好政治生态上见到了实效，在真抓实干、推动改革发展稳定上见到了实效。最终，推进了党的作风上的转变。

19. 大数据：变革世界的关键资源

人类文明进步的每个阶段都有一张最具代表性的历史标签：19 世纪是煤炭和蒸汽机，20 世纪是内燃机、石油和电力。进入 21 世纪，由信息技术和互联网所引发的新一轮科技革命和产业变革更加深刻地诠释着人类进步的征程。其中，最具时代标志性的标签非大数据莫属，它好比是 21 世纪的石油和金矿，是一个国家提升综合竞争力的又一关键资源。

大数据不仅是一场技术革命，一场经济变革，也是一场国家治理的变革。大数据是一个事关我国经济社会发展全局的战略性产业，大数据技术为社会经济活动提供决策依据，提高各个领域的运行效率，提升整个社会经济的集约化程度，对于我国经济发展转型具有重要的推动作用。大数据，是以容量大、类型多、存取速度快、应用价值高为主要特征的数据集合，正日益对全球生产、流通、分配、消费活动以及经济运行机制、社会生活方式和国家治理能力产生越来越重要的影响。"十三五"规划曾建议提出实施国家大数据战略，旨在全面推进我国大数据发展和应用，加快建设数据强国，推动数据资源开放共享，释放技术红利、制度红利和创新红利，促进经济转型升级。

2014 年 3 月，大数据首次写入中央政府工作报告；2015 年 5 月，习近平总书记在给国际教育信息化大会的贺信中说，"当今世界，科技进步日新月异，互联网、云计算、大数据等现代信息技术深刻改变着人类的思维、生产、生活、学习方式，深刻展示了世界发展的前景。"2015 年 10 月，党的十八届五中全会正式提出"实施国家大数据战略，推进数据资源开放共享"。这表明中国已将大数据视作战略资源并上升为国家战略，期望运用大数据推动经济发展、完善社会治理、提升政府服务和监管能力。2017 年 12 月 8 日，中共中央政治局就实施国家大数据战略进行第二次集体学习。中共中央总书记习近平在主持学习时强调，大数据是信息化发展的新阶段。随着信息技术和人类生产生活交汇融合，互联网快速普及，全球数据呈现爆发增长、海量集聚的特点，对经济发展、社会治理、国家管理、人民生活都产生了重大影响。世界各国都把推进经济数字化作为实现创新发展的重要动能，在前沿技术研发、数据开放共享、隐私安全保护、人才培养等方面做了前瞻性布局。大数据发展日新月异，我们应该审时度势、精心谋划、超前布局、力争主动，深入了解大数据发展现状和趋势及其对经济社会发展的影响，分析我国大数据发展取得的成绩和存在的问题，推动实施国家大数据战略，加快完善数字基础设施，推进数据资源整合和开放共享，保障数据安全，加快建设数字中国，更好服务我国经济社会发展和人民生活改善。2018 年 5 月，习近平总书记在向中国国际大数据产业博览会的致辞中指出，我们秉持创新、协调、绿色、开放、共享的发展理念，围绕建设网络强国、数字中国、智慧社会，全面实施国家大数据战略，助力中国经济从高速增长转向高质量发展。

20. 习近平在河南的一次考察

中原大地，一派生机。2014年5月9日至10日，习近平总书记到河南，来到开封、郑州等地，深入乡村、企业、保税物流中心、国际陆港，考察调研经济社会发展和基层党的群众路线教育实践活动情况。

9日下午，习近平总书记还来到开封市尉氏县张市镇高标准粮田综合开发示范区考察。这里的小麦连片种植基地绿浪滚滚、长势喜人。习近平下到田间，仔细查看麦穗灌浆情况，向农技人员了解产量预测，向农户询问田间管理。得知亩穗数、穗粒数、千粒重等指标都很好，该示范区可望增产几百万斤粮食，习近平总书记很高兴。他叮嘱继续抓好综合技术措施落实，奋力夺取夏粮丰收。习近平总书记指出，粮食安全、"三农"工作是一切工作的重要之基，各级党委和政府一定要抓紧抓紧再抓紧。河南农业农村人口比重大，"三农"工作任务繁重，粮食生产这个优势、这张王牌任何时候都不能丢。要立足打造全国粮食生产核心区这一目标和任务，在提高粮食生产能力上开辟新途径、挖掘新空间、培育新优势。粮食生产根本在耕地，命脉在水利，出路在科技，动力在政策，这些关键点要一个一个抓落实、抓到位，努力在高基点上实现粮食生产新突破。家庭经营和规模经营要统一起来，积极稳妥推进土地流转，加快农业现代化进程。

习近平总书记十分关心商贸物流业和企业科技创新发展。10日上午，他在郑州先后考察了郑州市跨境贸易电子商务服务试点项目、郑州国际陆港、中铁工程装备集团有限公司，看展板，听介绍，进车间，详细询问有关情况。了解到郑州市跨境贸易电子商务服务试点项目运营不到 1 年，就取得直通世界 13 个城市、贸易进出口货值 130 多亿元、为 100 余家商户提供实货测试服务的成绩，习近平总书记同窗口工作人员一一握手，详细察看货物配货、包装、过关查验流程，勉励他们朝着"买全球卖全球"的目标迈进。看到郑州国际陆港集铁路港、公路港、空港、海港于一体，正在打造国家铁路一类口岸、多式联运服务中心、中欧班列货运中心、智慧物流信息中心，习近平总书记希望他们建成连通境内外、辐射东中西的物流通道枢纽，为丝绸之路经济带建设多作贡献。他来到郑欧国际货运班列前，同机组人员交谈并合影留念。

习近平总书记在河南考察时指出，我国发展仍处于重要战略机遇期，我们要增强信心，从当前我国经济发展的阶段性特征出发，适应新常态，保持战略上的平常心态。习近平总书记提出新常态这一重大战略判断，主要是基于对当前国内外宏观经济形势的正确分析和准确研判。一是中国经济发展进入新阶段。2010 年我国 GDP 总量首次超过日本，至今已经连续几年成为世界第二大经济体。虽然我国还不是经济强国，但是，作为经济大国给我们带来了许多新的情况，使我国经济进入了一个新阶段。改革开放以来，中国经济保持了多年的高速增长，其中有 17 年增速超过 10%。自 2011 年降至 10% 以来，增速逐年下调，根据 2015 年《政府工作报告》，我国国内生产总值增长 7.0% 左右。这表明我国经济增长速度已经进入了"换挡期"。二是国际经济发展呈现新局势。全球经济增长缓慢，发达国家将"再工业化"作为重塑竞争优势的重要战略，发出向实体经济回归信号，围绕信息、生物、环保等领域的新一轮科技和产业竞争愈演愈烈，从而使我国的外部需求萎缩可能会成为"常态化"。在上述背景下，2014 年 5 月 10 日，习近平总书记在河南考察时首次明确提出新常态。

2014 年 7 月 29 日，习近平总书记在中南海召开的党外人士座谈会上进一步指出：正确认识我国经济发展的阶段性特征，进一步增强信心，适应新常态，共同推动经济持续健康发展。2014年12月9日举行的中央经济工作会议上，习近平总书记详尽分析了中国经济新常态的趋势性变化，并强调指出："我国经济发展进入新常态，是我国经济发展阶段性特征的必然反映，是不以人的意志为转移的。认识新常态，适应新常态，引领新常态，是当前和今后一个时期我国经济发展的大逻辑。"关于如何准确认识经济新常态？习近平总书记要求从时间和空间审视。2016年1月18日，习近平总书记在省部级主要领导干部学习贯彻十八届五中全会精神专题研讨班开班式上发表的重要讲话中指出，全面认识和把握新常态，需要从时间和空间大角度审视我国发展。从时间上看，我国发展经历了由盛到衰再到盛的几个大时期，今天的新常态是这种大时期更替变化的结果。从空间上看，我国出口优势和参与国际产业分工模式面临新挑战，经济发展新常态是这种变化的体现。2016年10月27日，习近平总书记在党的十八届六中全会第二次全体会议上指出，我们要从历史、现实、未来的走势中判断我国经济所处的方位、发生的变化，这样才能保持坚定自信和战略定力，朝着正确方向稳步前行。要坚持用新发展理念统领发展全局，坚持把适应新常态、把握新常态、引领新常态作为贯穿发展全局和全过程的大逻辑，坚持把供给侧结构性改革作为经济发展和经济工作的主线，坚持以提高发展质量和效益为中心，着力解决制约发展的结构性、体制性矛盾和问题，着力调整优化经济结构、推进发展方式转变，着力推进创新驱动发展，着力推进新型工业化、信息化、城镇化、农业现代化同步发展，推动我国经济向形态更高级、分工更优化、结构更合理的阶段演进。

21. 推动长江经济带发展

2014年9月，国务院印发《关于依托黄金水道推动长江经济带发展的指导意见》，部署将长江经济带建设成为具有全球影响力的内河经济带、东中西互动合作的协调发展带、沿海沿江沿边全面推进的对内对外开放带和生态文明建设的先行示范带。《意见》指出，长江是货运量位居全球内河第一的黄金水道，在区域发展总体格局中具有重要战略地位。依托黄金水道推动长江经济带发展，打造中国经济新支撑带，有利于挖掘中上游广阔腹地蕴含的巨大内需潜力，促进经济增长空间从沿海向沿江内陆拓展；有利于优化沿江产业结构和城镇化布局，推动中国经济提质增效升级；有利于形成上中下游优势互补、协作互动格局，缩小东中西部地区发展差距；有利于建设陆海双向对外开放新走廊，培育国际经济合作竞争新优势；有利于保护长江生态环境，引领全国生态文明建设。《意见》明确，要以改革激发活力、以创新增强动力、以开放提升竞争力，依托长江黄金水道，高起点高水平建设综合交通运输体系，推动上中下游地区协调发展、沿海沿江沿边全面开放，构建横贯东西、辐射南北、通江达海、经济高效、生态良好的长江经济带。《意见》提出了七项重点任务。一是提升长江黄金水道功能。二是建设综合立体交通走廊。三是创新驱动促进产业转型升级。四是全面推进新型城镇化。五是培育全方位对外开放新优势。六是建设绿色生态廊道。七是创新区域协调发展体制机制。随《意见》还一并印发了《长江经济带综合立体交通走廊规划（2014—2020年）》，提出到2020年，建成横贯东西、沟通南北、通江达海、便捷高效的长江经济带综合立体交通走廊。

长江经济带覆盖上海、江苏、浙江、安徽、江西、湖北、湖南、重庆、四川、云南、贵州等 11 省市，面积约 205 万平方公里，人口和生产总值均超过全国的 40%。横跨中国东中西三大区域，具有独特优势和巨大发展潜力。改革开放以来，长江经济带已发展成为我国综合实力最强、战略支撑作用最大的区域之一。长江经济带战略作为中国新一轮改革开放转型实施新区域开放开发战略，是具有全球影响力的内河经济带、东中西互动合作的协调发展带、沿海沿江沿边全面推进的对内对外开放带，也是生态文明建设的先行示范带。

2016 年 9 月，《长江经济带发展规划纲要》正式印发。《纲要》从规划背景、总体要求、大力保护长江生态环境、加快构建综合立体交通走廊、创新驱动产业转型升级、积极推进新型城镇化、努力构建全方位开放新格局、创新区域协调发展体制机制、保障措施等方面描绘了长江经济带发展的宏伟蓝图，是推动长江经济带发展重大国家战略的纲领性文件。同时，《纲要》提出了多项主要任务，具体包括保护和修复长江生态环境、建设综合立体交通走廊、创新驱动产业转型、新型城镇化、构建东西双向、海陆统筹的对外开放新格局等。推动长江经济带发展，有利于走出一条生态优先、绿色发展之路，让中华民族母亲河永葆生机活力，真正使黄金水道产生黄金效益；有利于挖掘中上游广阔腹地蕴含的巨大内需潜力，促进经济增长空间从沿海向沿江内陆拓展，形成上中下游优势互补、协作互动格局，缩小东中西部发展差距；有利于打破行政分割和市场壁垒，推动经济要素有序自由流动、资源高效配置、市场统一融合，促进区域经济协同发展；有利于优化沿江产业结构和城镇化布局，建设陆海双向对外开放新走廊，培育国际经济合作竞争新优势，促进经济提质增效升级，对于实现"两个一百年"奋斗目标和中华民族伟大复兴的中国梦，具有重大现实意义和深远历史意义。

2018 年 11 月，中共中央、国务院明确要求充分发挥长江经济带横跨东中西三大板块的区位优势，以共抓大保护、不搞大开发为导向，以生态优先、绿色发展为引领，依托长江黄金水道，推动长江上中下游地区协调发展和沿江地区高质量发展。

22. 运用法律手段反对诋毁英雄

2016 年 9 月 20 日,北京市大兴区人民法院对邱少云烈士之弟邱少华诉孙杰、加多宝(中国)饮料有限公司一般人格权纠纷案一审公开宣判,判决二被告于判决生效之日起三日内公开发布赔礼道歉公告,向原告邱少华赔礼道歉,消除影响,该公告须连续刊登五日;二被告连带赔偿原告邱少华精神损害抚慰金 1 元,于判决生效后三日内履行。这不仅是开启了运用法律手段反对历史虚无主义诋毁英雄的判例,正本肃源,有力遏制了诋毁势头的蔓延,有效消除了其对社会的负面影响。

2014 年 10 月 20 日至 23 日,中国共产党第十八届中央委员会第四次全体会议(简称十八届四中全会)在北京召开,首次以全会的形式专题研究部署全面推进依法治国,中央委员会总书记习近平作了重要讲话。全会听取和讨论了习近平受中央政治局委托作的工作报告,审议通过了《中共中央关于全面推进依法治国若干重大问题的决定》(以下简称《决定》)。《决定》指出,必须弘扬社会主义法治精神,建设社会主义法治文化,增强全社会厉行法治的积极性和主动性,形成守法光荣、违法可耻的社会氛围,使全体人民都成为社会主义法治的忠实崇尚者、自觉遵守者、坚定捍卫者。

党的十八届四中全会强调,全面推进依法治国,就要在中国共产党领导下,坚持中国特色社会主义制度,贯彻中国特色社会主义法治理论,形成完备的法律规范体系、高效的法治实施体系、严密的法治监督体系、有力的法治保障体系,形成完善的党内法规体系,坚持依法治国、依法执政、依法行政共同推进，坚持法治国家、法治政府、法治社会一体建设，实现科学立法、严格执法、公正司法、全民守法，促进国家治理体系和治理能力现代化。

全会提出，全面推进依法治国，总目标是建设中国特色社会主义法治体系，建设社会主义法治国家。这就是，在中国共产党领导下，坚持中国特色社会主义制度，贯彻中国特色社会主义法治理论，形成完备的法律规范体系、高效的法治实施体系、严密的法治监督体系、有力的法治保障体系，形成完善的党内法规体系，坚持依法治国、依法执政、依法行政共同推进，坚持法治国家、法治政府、法治社会一体建设，实现科学立法、严格执法、公正司法、全民守法，促进国家治理体系和治理能力现代化。实现这个总目标，必须坚持中国共产党的领导，坚持人民主体地位，坚持法律面前人人平等，坚持依法治国和以德治国相结合，坚持从中国实际出发。全会明确了全面推进依法治国的重大任务，这就是：完善以宪法为核心的中国特色社会主义法律体系，加强宪法实施；深入推进依法行政，加快建设法治政府；保证公正司法，提高司法公信力；增强全民法治观念，推进法治社会建设；加强法治工作队伍建设；加强和改进党对全面推进依法治国的领导。

2014 年，全国人大常委会以法律形式将 9 月 30 日设立为烈士纪念日；2017 年 10 月 1 日起正式施行的《中华人民共和国民法总则》中特别明确，侵害英雄烈士等的姓名、肖像、名誉、荣誉，损害社会公共利益的，应当承担民事责任；2017 年 12 月，《英雄烈士保护法(草案)》提请十二届全国人大常委会第三十一次会议首次审议。2018 年 4 月 27 日，中华人民共和国第十三届全国人民代表大会常务委员会第二次会议通过《中华人民共和国英雄烈士保护法》，自 2018 年 5 月 1 日起施行。

23."新古田会议"

古田会议，是中国工农红军第四军在 1929 年 12 月 28 日至 29 日在福建省上杭县古田村召开的第九次党的代表大会，即红军第四军党的第九次代表大会，因会议在福建省上杭县古田村召开，史称"古田会议"。会议选举产生了新的中共红四军前敌委员会，毛泽东当选为书记。为纠正党内和军队中出现的极端民主化、非组织化等错误倾向，毛泽东同志首次提出"使党员的思想和党内的生活都政治化，科学化"的思想，为党的建设指明了正确方向。

这次会议解决了中国共产党在中国特殊国情中建党、建军的历史性难题，对中国革命产生深远影响，因而在中国共产党和工农红军的发展史上有着极其重要的意义。

2014 年 10 月 30 日，全军政治工作会议在福建省上杭县古田镇召开，被称为"新古田会议"。

在会议上，习近平主席强调，军队政治工作的时代主题是，紧紧围绕实现中华民族伟大复兴的中国梦，为实现党在新形势下的强军目标提供坚强政治保证。全军必须坚持以马克思列宁主义、毛泽东思想、邓小平理论、"三个代表"重要思想、科学发展观为指导，贯彻党中央关于全面推进依法治国和从严治党的部署要求，贯彻依法治军、从严治军方针，紧紧围绕我军政治工作的时代主题，加强和改进新形势下我军政治工作，充分发挥政治工作对强军兴军的生命线作用。他强调，革命的政治工作是革命军队的生命线。实行革命的政治工作，保证了我军始终是党的绝对领导下的革命军队，为我军战胜强大敌人和艰难险阻提供了不竭力量，使我军始终保持了人民军队的本色和作风。习近平主席强调，当前，国内外形势发生深刻复杂变化，面对深化国防和军队改革这场考试，我军政治工作只能加强不能削弱，只能前进不能停滞，只能积极作为不能被动应对。当前最紧要的是把4个带根本性的东西立起来，为加强和改进新形势下军队政治工作开"药方"：要把理想信念在全军牢固立起来，适应强军目标要求，把坚定官兵理想信念作为固本培元、凝魂聚气的战略工程，把握新形势下铸魂育人的特点和规律，着力培养有灵魂、有本事、有血性、有品德的新一代革命军人。要把党性原则在全军牢固立起来，坚持党性原则是政治工作的根本要求，必须坚持党的原则第一、党的事业第一、人民利益第一，在党言党、在党忧党、在党为党，把爱党、忧党、兴党、护党落实到工作各个环节。要把战斗力标准在全军牢固立起来，把战斗力标准作为军队建设唯一的根本的标准，聚焦能打仗、打胜仗，健全完善党委工作和领导干部考核评价体系，探索政治工作服务保证战斗力建设的作用机理，形成有利于提高战斗力的舆论导向、工作导向、用人导向、政策导向，把政治工作贯穿到战斗力建设各个环节。要把政治工作威信在全军牢固立起来，从模范带头抓起，从领导带头抓起，引导各级干部特别是政治干部把真理力量和人格力量统一起来，坚持求真务实，坚持公道正派。习近平主席强调，要抓好全军政治机关和政治干部队伍建设，强化政治意识、阵地意识、大局意识，努力学军事、学指挥、学科技，努力建设对党绝对忠诚、聚焦打仗有力、作风形象良好的政治机关和政治干部队伍。各级党委特别是正副书记要履行抓政治工作的职责，主动谋划政治工作，主动研究解决政治工作面临的矛盾和问题，加强对政治工作的组织领导，动员广大官兵积极参与，齐心协力开创我军政治工作新局面。

24. 铲除"毒瘤"的宣言

2014年7月22日，公安部召开电视电话会议，部署全国公安机关从即日起至年底，集中开展"猎狐2014"缉捕在逃境外经济犯罪嫌疑人专项行动。

2014年11月7日至8日，亚太经济合作组织（APEC）第26届部长级会议在北京成功召开。会议重要成果之一是通过《北京反腐败宣言》，加大反腐败合作，加强在亚太追逃追赃合作，协同打击腐败。并以部长级会议《联合声明》附件形式对外发表。

《北京反腐败宣言》集中反映了APEC各经济体在反腐败国际合作方面达成的共识：各经济体一致认识到，腐败破坏社会公平正义，损害政府形象和公信力，阻碍经济健康发展，是必须治理的社会"毒瘤"。鉴于全球互联互通趋势不断增强，腐败犯罪呈国际化蔓延趋势，急需加强反腐败国际合作，呼吁各经济体加大合作力度，开拓合作领域，有效打击跨国（境）腐败行为。《北京反腐败宣言》主体部分共8条，从不同角度明确了各经济体加强合作的内容。加强反腐败国际追逃追赃合作是《北京反腐败宣言》的核心内容，贯穿于主体部分全文，包括拒绝为腐败分子及其非法所得提供避风港，加强对外逃腐败官员的引渡和遣返；加强对出入境移民活动的监管，建设相关信息共享机制；探索运用《联合国反腐败公约》等国际合作倡议，加强双边反腐败合作；支持并参与APEC反腐败执法合作网络（ACT—NET）；通过一切可行方式开展反腐败案件合作，并为开展反腐败跨境合作的官员提供行政安排等方面的便利。《北京反腐败宣言》的通过，表明

APEC 各方对共同清除腐败毒瘤方面的认识更加一致，有望让中国和包括美国、加拿大、澳大利亚等国在内的 APEC 成员在引渡条约、司法协助、反洗钱等领域的谈判加速。《北京反腐败宣言》是第一个由中国主导起草的国际性的反腐败宣言，集中反映了各经济体就 APEC 反腐败合作重点及发展方向达成的共识，充分体现了中国在加强反腐败追逃追赃合作方面的关切和立场，对于引领亚太地区反腐败合作朝追逃追赃等务实合作方向发展具有重要意义。

25.新一轮土地制度改革

改革开放之初，在农村实行家庭联产承包责任制，将土地所有权和承包经营权分设，所有权归集体，承包经营权归农户，极大地调动了亿万农民积极性，有效解决了温饱问题，农村改革取得重大成果。2014年12月，新一轮农村土地制度改革试点春潮就已涌动。中央全面深化改革领导小组第七次会议让这个春潮更加激荡，会议审议了《关于农村土地征收、集体经营性建设用地入市、宅基地制度改革试点工作的意见》，被广泛解读为农村土地改革"三箭齐发"，标志着新一轮土改大幕正在开启。

现阶段深化农村土地制度改革，顺应农民保留土地承包权、流转土地经营权的意愿，将土地承包经营权分为承包权和经营权，实行所有权、承包权、经营权（以下简称"三权"）分置并行，着力推进农业现代化，是继家庭联产承包责任制后农村改革又一重大制度创新。"三权分置"是农村基本经营制度的自我完善，符合生产关系适应生产力发展的客观规律，展现了农村基本经营制度的持久活力，有利于明晰土地产权关系，更好地维护农民集体、承包农户、经营主体的权益；有利于促进土地资源合理利用，构建新型农业经营体系，发展多种形式适度规模经营，提高土地产出率、劳动生产率和资源利用率，推动现代农业发展。

2017年10月31日，中国的土地承包法修正案草案提请十二届全国人大常委会第三十次会议初次审议。草案明确，国家依法保护农村土地承包关系稳定并长久不变，为给予农民稳定的土地承包经营预期，耕地承包期届满后再延长三十年。此次土地承包法修改的主要内容，包括所有权、承包权、经营权"三权分置"，稳定农村土地承包关系并长久不变，土地经营权入股，维护进城务工和落户农民的土地承包权益等七方面内容。2018 年 12 月 29 日，十三届全国人大常委会第七次会议表决通过了关于修改农村土地承包法的决定。这次修改农村土地承包法，主要就是为了将农村土地实行"三权分置"的制度法制化，以更有效地保障农村集体经济组织和承包农户的合法权益，同时也更有利于现代农业发展。

26. 千年古镇汇聚了世界目光

　　乌镇地处浙江省桐乡市北端，西临湖州市，北界江苏苏州市吴江区，为二省三市交界之处。乌镇原以市河为界，分为乌青二镇，河西为乌镇，属湖州府乌程县；河东为青镇，属嘉兴府桐乡县。解放后，市河以西的乌镇划归桐乡县，才统称乌镇。全镇辖13个社区居委会和18个行政村。

　　乌镇曾名乌墩和青墩，具有六千余年悠久历史。是全国二十个黄金周预报景点及江南六大古镇之一。乌镇是典型的江南地区汉族水乡古镇，有"鱼米之乡，丝绸之府"之称。1991年被评为浙江省历史文化名城，1999年开始古镇保护和旅游开发工程。

　　2014年11月19日始，乌镇成为世界互联网大会永久会址，千年古镇汇聚了世界目光。世界互联网大会（World Internet Conference，WIC），是由中华人民共和国倡导并每年在浙江省嘉兴市桐乡乌镇举办的世界性互联网盛会，大会由中华人民共和国国家互联网信息办公室和浙江省人民政府共同主办，旨在搭建中国与世界互联互通的国际平台和国际互联网共享共治的中国平台，让各国在争议中求共识、在共识中谋合作、在合作中创共赢。

　　首届世界互联网大会于2014年11月19日至21日举办。这是中国举办的规模最大、层次最高的互联网大会，也是世界互联网领域的高峰会议。本次大会由中华人民共和国国家互联网信息办公室和浙江省人民政府共同主办，由浙江省网信办、浙江省经信委、桐乡市政府和中国互联网络信息中心联合承办。

大会主要特点：

第一次由中国举办世界互联网盛会。中国接入国际互联网20年来，由中国倡导并举办世界互联网大会，这还是第一次。当前，全球新一轮信息革命已经来临，2014年，全球网民达30亿，人类全面进入互联网时代。中国作为最大的发展中国家，拥有最多网民，占世界网民的五分之一，理应为世界搭建一个具有广泛代表性的开放平台。大会设置了8大板块、13个分论坛，涵盖网络空间各领域的重大问题、关键问题。

第一次汇集全球网络界领军人物共商发展大计。与会嘉宾代表来自全世界近100个国家和地区，1000余人，既有国际政要，也有领军人物；既有ICANN总裁法迪等国际机构负责人，也有互联网顶级专家学者；既有发达国家代表，也有发展中国家代表；既有微软、三星、高通等国际网络巨头，也有阿里巴巴、百度、腾讯和三大电信运营商等中国著名企业负责人。他们"华山论剑"、交流切磋、广泛合作，为国际互联网发展贡献智慧和力量。

第一次全景展示中国互联网发展理念和成果。经过20年的发展，中国已拥有6.3亿网民，12亿手机用户，5亿微博、微信用户，每天信息发送量超过200亿条。全球互联网公司十强，中国占了4家，中国已成为名副其实的互联网大国。大会将举办中国互联网发展主题展览，全面阐释中国互联网的发展理念，全景展现中国互联网的发展成果，全方位展示中国网络企业的发展成就。

第一次以千年古镇命名世界网络峰会。大会将永久会址确定在中国历史文化名镇——乌镇，也可以将世界互联网大会称为网络空间的"乌镇峰会"，旨在让最先进的世界文明成果与最悠久的中华文化交流融合，让现代信息文明与传统历史文明交相辉映。

27. 开启"双引擎"

2015年1月21日下午，国务院总理李克强在瑞士达沃斯出席世界经济论坛2015年年会全会，并发表题为《维护和平稳定，推动结构改革，培育发展新动能》的特别致辞。李克强说，面对复杂的国际局势，中国主张要维护和平稳定，有效和公认的国际秩序必须维护而不是打破，否则繁荣发展无从谈起。面对多元的世界文明，中国主张要促进和谐相处，不同文化、宗教和人民之间都应相互尊重、包容互鉴。面对多变的经济形势，中国主张要推动开放创新，各国在根据国情制定自身政策的同时，也要加强国际宏观经济政策协调，共同反对保护主义，扩大区域经济合作。

李克强强调，当前，中国经济发展进入新常态，增长由高速转向中高速。有世界经济深度调整的大背景，也有内在的经济规律。2014年面对经济下行压力，中国没有采取强刺激，而是力推强改革，经济运行保持在合理区间。2015年要顶住经济下行压力，继续保持战略定力，实施积极的财政政策和稳健的货币政策，同时注重预调微调和定向调控，既稳定经济增长，同时着力提升经济质量和效益。中国正在采取一系列措施有效防范债务、金融等风险，中国经济不会出现"硬着陆"。

李克强强调，中国经济要实现"双中高"，必须用好政府和市场这"两只手"，开启"双引擎"。一是要打造新引擎，推动大众创业、万众创新，释放民智民力，增进大众福祉，实现人生价值，推动社会纵向流动，促进社会公平正义。二是要改造传统引擎，重点是扩大公共产品和公共服务供给，补齐"短板"，政府要加大财政投入，同时加大投融资、价格体制改革，积极动员社会力量参与，要深化财税、金融等体制改革，加强市场监管，建立公平竞争环境。

2015年2月25日，国务院总理李克强主持召开国务院常务会议，会议确定了多项调控政策。既有传统的投资拉动政策，也注意到创业、创新和人才等新引擎的培育，体现了打造"双引擎"的思路。

双引擎主要是指：一方面，充分发挥市场在资源配置中的决定性作用，培育打造新引擎，推动大众创业、万众创新；另一方面，更好发挥政府作用，改造升级传统引擎，增加公共产品、公共服务供给。"大众创业、万众创新"是指通过解放思想、深化改革、打破体制机制障碍，让每个有创业愿望的人都拥有自主创业的空间，让创新创造的血液在全社会自由流动，让自主发展的精神在全体人民中蔚然成风。"增加公共产品、公共服务"是指由政府主导提供与经济社会发展水平和阶段相适应、旨在保障全体公民生存和发展基本需求的公共产品和公共服务，一般包括交通、水利、通信、市政等基础设施，就业、社保、教育、医疗、住房保障、文化体育、环境保护等基本公共服务，以及公共安全、国家安全等方面内容。

28. 六大经济走廊

六大经济走廊，指的是中国与"一带一路"沿线国家一道规划的一个经济带，建设包含中蒙俄、新亚欧大陆桥、中国—中亚—西亚、中国—中南半岛、中巴、孟中印缅六大经济走廊。

2015年3月底公布的《推动共建丝绸之路经济带和21世纪海上丝绸之路的愿景与行动》，在"框架思路"中提出，根据"一带一路"走向，陆上依托国际大通道，以沿线中心城市为支撑，以重点经贸产业园区为合作平台，共同打造新亚欧大陆桥、中蒙俄、中国—中亚—西亚、中国—中南半岛等国际经济合作走廊；海上以重点港口为节点，共同建设通畅安全高效的运输大通道。中巴、孟中印缅两个经济走廊与推进"一带一路"建设关联紧密，要进一步推动合作，取得更大进展。

中国是亚欧大家庭的一员，中国的发展与亚欧的整体发展密不可分。中国提出的"一带一路"倡议得到沿线国家积极响应，已成为兼顾各方利益、反映各方诉求的共同愿望。中国正与"一带一路"沿线国家一道，积极规划中蒙俄、新亚欧大陆桥、中国—中亚—西亚、中国—中南半岛、中巴、孟中印缅六大经济走廊建设。亚洲基础设施投资银行和丝路基金将为亚欧互联互通产业合作提供有力的资金支持。"一带一路"和互联互通相融相近、相辅相成，亚欧互联互通产业合作前景光明。

中蒙俄经济走廊，国家发改委确定的中蒙俄经济走廊分为两条线路：一是从华北京津冀到呼和浩特，再到蒙古和俄罗斯；二是东北地区从大连、沈阳、长春、哈尔滨到满洲里和俄罗斯的赤塔。两条走廊互动互补形成一个新的开放开发经济带，统称为中蒙俄经济走廊。

把丝绸之路经济带同俄罗斯跨欧亚大铁路、蒙古国草原之路倡议进行对接；加强铁路、公路等互联互通建设，推进通关和运输便利化，促进过境运输合作，研究三方跨境输电网建设，开展旅游、智库、媒体、环保、减灾救灾等领域务实合作。

新亚欧大陆桥，又名"第二亚欧大陆桥"，是从江苏省连云港市到荷兰鹿特丹港的国际化铁路交通干线，国内由陇海铁路和兰新铁路组成。大陆桥途经江苏、安徽、河南、陕西、甘肃、青海、新疆7个省区，到中哈边界的阿拉山口出国境。出国境后可经3条线路抵达荷兰的鹿特丹港。中线与俄罗斯铁路友谊站接轨，进入俄罗斯铁路网，途经斯摩棱斯克、布列斯特、华沙、柏林达荷兰的鹿特丹港，全长10900公里，辐射世界30多个国家和地区。

中国—中亚—西亚经济走廊，从新疆出发，抵达波斯湾、地中海沿岸和阿拉伯半岛，主要涉及中亚五国（哈萨克斯坦、吉尔吉斯斯坦、塔吉克斯坦、乌兹别克斯坦、土库曼斯坦）、伊朗、土耳其等国。

中国—中南半岛经济走廊，东起珠三角经济区，沿南广高速公路、南广高铁，经南宁、凭祥、河内至新加坡，将以沿线中心城市为依托，以铁路、公路为载体和纽带，以人流、物流、资金流、信息流为基础，加快形成优势互补、区域分工、联动开发、共同发展的区域经济体，开拓新的战略通道和战略空间。

中巴经济走廊，起点在新疆喀什，终点在巴基斯坦瓜达尔港，全长3000公里，贯通南北丝路关键枢纽，北接"丝绸之路经济带"、南连"21世纪海上丝绸之路"，是一条包括公路、铁路、油气和光缆通道在内的贸易走廊。2015年4月，中巴两国政府初步制定了修建新疆喀什市到巴方西南港口瓜达尔港的公路、铁路、油气管道及光缆覆盖"四位一体"通道的远景规划。其间，中巴签订51项合作协议和备忘录，其中超过30项涉及中巴经济走廊。

　　孟中印缅经济走廊建设倡议是 2013 年 5 月国务院总理李克强访问印度期间提出，得到印度、孟加拉国、缅甸三国的积极响应。2013年 12 月，孟中印缅经济走廊联合工作组第一次会议在昆明召开，各方签署了会议纪要和孟中印缅经济走廊联合研究计划，正式建立了四国政府推进孟中印缅合作的机制。

29."互联网+"

2015年3月，全国两会上，全国人大代表马化腾提交了《关于以"互联网+"为驱动，推进我国经济社会创新发展的建议》的议案，对经济社会的创新提出了建议和看法。他呼吁，我们需要持续以"互联网+"为驱动，鼓励产业创新、促进跨界融合、惠及社会民生，推动我国经济和社会的创新发展。马化腾表示，"互联网+"是指利用互联网的平台、信息通信技术把互联网和包括传统行业在内的各行各业结合起来，从而在新领域创造一种新生态。他希望这种生态战略能够被国家采纳，成为国家战略。2015年3月5日上午十二届全国人大三次会议上，李克强总理在政府工作报告中首次提出"互联网+"行动计划。李克强在政府工作报告中提出，"制定'互联网+'行动计划，推动移动互联网、云计算、大数据、物联网等与现代制造业结合，促进电子商务、工业互联网和互联网金融健康发展，引导互联网企业拓展国际市场。"2015年7月4日，经李克强总理签批，国务院印发《关于积极推进"互联网+"行动的指导意见》（以下简称《指导意见》），这是推动互联网由消费领域向生产领域拓展，加速提升产业发展水平，增强各行业创新能力，构筑经济社会发展新优势和新动能的重要举措。

"互联网+"是两化融合的升级版，将互联网作为当前信息化发展的核心特征，提取出来，并与工业、商业、金融业等服务业的全面融合。这其中关键就是创新，只有创新才能让"互联网+"真正有价值、有意义。正因为此，"互联网+"被认为是创新2.0下的互联网发展新形态、新业态，是知识社会创新 2.0 推动下的经济社会发展新形态演进。通俗来说，"互联网＋"就是"互联网＋各个传统行业"，但这并不是简单的两者相加，而是利用信息通信技术以及互联网平台，让互联网与传统行业进行深度融合，创造新的发展生态。"互联网＋"代表一种新的经济形态，即充分发挥互联网在生产要素配置中的优化和集成作用，将互联网的创新成果深度融合于经济社会各领域之中，提升实体经济的创新力和生产力，形成更广泛的以互联网为基础设施和实现工具的经济发展新形态。"互联网＋"行动计划将重点促进以云计算、物联网、大数据为代表的新一代信息技术与现代制造业、生产性服务业等的融合创新，发展壮大新兴业态，打造新的产业增长点，为大众创业、万众创新提供环境，为产业智能化提供支撑，增强新的经济发展动力，促进国民经济提质增效升级。"互联网＋"不仅仅使互联网移动了、泛在了、应用于某个传统行业了，更加入了无所不在的计算和数据等，造就了无所不在的创新。"互联网＋"是中国工业和信息化深度融合的成果与标志，也是进一步促进信息消费的重要抓手。

30. 大众创业、万众创新

中国总理出席夏季达沃斯论坛是惯例，2014年9月夏季，达沃斯论坛在天津开幕，来自90多个国家的1600余名与会者参与讨论。李克强总理发表讲话，提出要在960万平方公里土地上掀起"大众创业""草根创业"的新浪潮，形成"万众创新""人人创新"的新势态。此后，他在首届世界互联网大会、国务院常务会议和2015年《政府工作报告》等场合中频频阐释这一关键词。每到一地考察，他几乎都要与当地年轻的"创客"会面。他希望激发民族的创业精神和创新基因。2015年李克强总理在政府工作报告中又提出"大众创业、万众创新"。

2015年5月7日，中共中央政治局常委、国务院总理李克强先后来到中国科学院和北京中关村创业大街考察调研。他强调，推动大众创业、万众创新是充分激发亿万群众智慧和创造力的重大改革举措，是实现国家强盛、人民富裕的重要途径，要坚决消除各种束缚和桎梏，让创业创新成为时代潮流，汇聚起经济社会发展的强大新动能。在中关村创业大街3W咖啡屋，与众多"创客"交流，询问他们的创业经历和创新想法，听到拉勾网介绍通过"互联网+"的方式促进100多万人就业，李克强予以肯定。他说，稳增长为的是保就业，创业创新是稳增长保就业的重要基础。全社会要积极创造条件，促进众创空间蓬勃兴起，推动各类创新要素融合互动，让一代"创客"的奋斗形象伴随着中国经济的升级，成为创新中国、智慧经济的重要标识。在联想之星，考察为科技人员创业创新服务情况，并与来自全国各地参加培训的创业者交流，李克强称赞这里不仅创造财富，而且培养创造财富的人。他说，当今时代，创业创新不再是少数人的专业，而是多数人的机会，要通过"双创"使更多的人富起来，实现人生价值。对创新创业的呵护和扶助，是最现实、最长远的发展之道和惠民之策。要使各类孵化器不当盆景，而是做苗圃成基地，为初创企业解燃眉之急，筑发展基础，让破土的幼苗长成参天大树。在中关村创业大街创业会客厅，对他们为小微企业和创业者提供法律、金融、人力资源、知识产权保护、创业场所等便捷优惠服务表示赞许。李克强说，当前中国经济发展正处于新旧动力转换的关键时期，要保持经济运行在合理区间，使新的增长点破茧而出，简政放权、放管结合、强化服务改革必须跑出加速度，这是政府的应尽职责，我们不仅要简政有力，把该放的放到位，更要在监管和服务上下功夫，持续为大众创业、万众创新清障搭台，释放中国经济的无限活力。

2015年8月15日，国务院办公厅关于同意建立推进大众创业万众创新部际联席会议制度的函（国办函〔2015〕90号）：国务院同意建立由发展改革委牵头的推进大众创业万众创新部际联席会议制度。联席会议不刻制印章，不正式行文，按照国务院有关文件精神，认真组织开展工作。2016年5月国务院办公厅印发《关于建设大众创业万众创新示范基地的实施意见》（以下简称《意见》），系统部署"双创"示范基地建设工作。《意见》指出，为在更大范围、更高层次、更深程度上推进大众创业、万众创新，加快发展新经济、培育发展新动能、打造发展新引擎，按照政府引导、市场主导、问题导向、创新模式的原则，加快建设一批高水平的"双创"示范基地，扶持一批"双创"支撑平台，突破一批阻碍"双创"发展的政策障碍，形成一批可复制可推广的"双创"模式和典型经验。《意见》强调，要支持"双创"示范基地探索创新、先行先试，在拓宽市场主体发展空间、强化知识产权保护、加速科技成果转化、加大财税支持力度、促进创业创新人才流动、加强协同创新和开放共享等方面加大改革力度，激发体制活力和内生动力，营造良好的创业创新生态和政策环境。2018 年 9 月 18 日，国务院下发《关于推动创新创业高质量发展打造"双创"升级版的意见》。

31. 中国制造 2025

制造业是国民经济的主体，是立国之本、兴国之器、强国之基。18 世纪中叶开启工业文明以来，世界强国的兴衰史和中华民族的奋斗史一再证明，没有强大的制造业，就没有国家和民族的强盛。打造具有国际竞争力的制造业，是我国提升综合国力、保障国家安全、建设世界强国的必由之路。

新中国成立尤其是改革开放以来，我国制造业持续快速发展，建成了门类齐全、独立完整的产业体系，有力推动工业化和现代化进程，显著增强综合国力，支撑世界大国地位。然而，与世界先进水平相比，中国制造业仍然大而不强，在自主创新能力、资源利用效率、产业结构水平、信息化程度、质量效益等方面差距明显，转型升级和跨越发展的任务紧迫而艰巨。

《中国制造 2025》，是国务院于 2015 年 5 月公布的强化高端制造业的国家十年战略规划，是我国实施制造强国战略 3 个十年规划第一个十年的行动纲领。这个规划以促进制造业创新发展为主题，以提质增效为中心，以加快新一代信息技术与制造业深度融合为主线，以推进智能制造为主攻方向，以满足经济社会发展和国防建设对重大技术装备的需求为目标，强化工业基础能力，提高综合集成水平，完善多层次多类型人才培养体系，促进产业转型升级，培育有中国特色的制造文化，实现制造业由大变强的历史跨越，力争用 10 年时间，使我国迈入制造强国行列。

2014 年 12 月，"中国制造 2025"这一概念被首次提出。2015 年

3 月 5 日，李克强在全国两会上作《政府工作报告》时首次提出"中国制造 2025"的宏大计划。2015 年 3 月 25 日，李克强组织召开国务院常务会议，部署加快推进实施"中国制造 2025"，实现制造业升级。也正是这次国务院常务会议，审议通过了《中国制造 2025》。2015 年 5 月 19 日，国务院正式印发《中国制造 2025》。2015 年 6 月 15 日，李克强先后考察中国核电工程有限公司与工业和信息化部，在考察中，李克强说，中国制造在国家综合国力提升中功不可没，但要看到，我们在国际产业分工中总体还处于中低端水平。新形势下，实施"中国制造 2025"，推动制造业由大变强，不仅在一般消费品领域，更要在技术含量高的重大装备等先进制造领域勇于争先。2015 年 4 月、7 月和 11 月，李克强先后就经济形势召开了三次专家和企业负责人座谈会。在这三次座谈会上，钢铁、装备制造、物流等诸多传统制造业领域的企业负责人参会，"中国制造 2025"成为李克强在每次座谈会上必提的话题。他反复强调，中国经济升级发展根本靠改革创新。企业是市场主体，也是创新主体，要继续实施创新驱动战略，抓住国家推出"中国制造 2025"等，面向市场，贴近需求，着力提升核心竞争力和品牌塑造能力。2016 年 8 月 24 日，李克强在国务院常务会议上，部署促进消费品标准和质量提升，增加"中国制造"有效供给满足消费升级需求。

"中国制造 2025"是在新的国际国内环境下，中国政府立足于国际产业变革大势，作出的全面提升中国制造业发展质量和水平的重大战略部署。其根本目标在于改变中国制造业"大而不强"的局面。《中国制造 2025》围绕实现制造强国的战略目标，明确了 9 项战略任务和重点，提出了 8 个方面的战略支撑和保障。提出坚持"创新驱动、质量为先、绿色发展、结构优化、人才为本"的基本方针，坚持"市场主导、政府引导，立足当前、着眼长远，整体推进、重点突破，自主发展、开放合作"的基本原则，通过"三步走"实现制造强国的战略目标。

第一步：力争用十年时间，迈入制造强国行列。到 2020 年，基本实现工业化，制造业大国地位进一步巩固，制造业信息化水平大幅提升。掌握一批重点领域关键核心技术，优势领域竞争力进一步增强，产品质量有较大提高。制造业数字化、网络化、智能化取得明显进展。重点行业单位工业增加值能耗、物耗及污染物排放明显下降。到 2025 年，制造业整体素质大幅提升，创新能力显著增强，全员劳动生产率明显提高，两化（工业化和信息化）融合迈上新台阶。重点行业单位工业增加值能耗、物耗及污染物排放达到世界先进水平。形成一批具有较强国际竞争力的跨国公司和产业集群，在全球产业分工和价值链中的地位明显提升。

第二步：到 2035 年，我国制造业整体达到世界制造强国阵营中等水平。创新能力大幅提升，重点领域发展取得重大突破，整体竞争力明显增强，优势行业形成全球创新引领能力，全面实现工业化。

第三步：新中国成立一百年时，制造业大国地位更加巩固，综合实力进入世界制造强国前列。制造业主要领域具有创新引领能力和明显竞争优势，建成全球领先的技术体系和产业体系。

32. 村民何利霞家的两张合影

在宁夏回族自治区银川市永宁县闽宁镇原隆村，村民何利霞家里挂着一张愁容满面的全家福。那张照片拍摄于 2014 年 8 月，是何利霞一家三口来到原隆村的第一天拍摄的合影。"到了新地方，不知道咋挣钱，压力特别大。"

2014 年底，青岛昌盛日电太阳能科技股份有限公司来到原隆村，并在这里建造了一个总规划流转面积 1 万亩，总装机容量 200 兆瓦的光伏农业项目。何利霞和村里许多贫困户由此迎来了生活的巨变。

2016 年 7 月 19 日，正在光伏蔬菜大棚里工作的何利霞完全没想到，习近平总书记出现在她面前，与她亲切唠起了家常。何利霞激动地向习近平总书记报告了收入情况。而习近平总书记与她亲切握手谈话的一幕，也被相机定格下来。

到 2017 年春节，何利霞正式摘掉了"穷帽"。如今，与总书记握手的照片被何利霞高高地挂在自家客厅的墙上，和之前那张愁容满面的全家福形成了鲜明对比，见证着一个贫困户生活的巨变。

这样的脱贫故事，发生在中国各个角落。脱贫攻坚是全面建成小康社会的底线目标，民营企业是打赢脱贫攻坚战的重要力量。2015 年 10 月 17 日，全国工商联、国务院扶贫办、中国光彩会正式发起"万企帮万村"。该行动以民营企业为帮扶方，以建档立卡的贫困村、贫困户为帮扶对象，以签约结对、村企共建为主要形式，力争用 3 到 5 年时间，动员全国 1 万家以上民营企业参与，帮助 1 万个以上贫困村加快脱贫进程，为促进非公有制经济健康发展和非公有制经济人士健康成长，打好扶贫攻坚战、全面建成小康社会贡献力量。

"万企帮万村"精准扶贫行动是促进非公有制经济健康发展和非公有制经济人士健康成长的有力抓手，是民营企业深化党情国情民情教育、为国家脱贫攻坚做贡献的重要平台。"万企帮万村"行动关键是要做到"三个一批""四个精准"。既重点发展一批特色产业，重点解决一批贫困户劳动力就业，重点落实一批公益捐赠项目。与此同时，要做到帮扶对象精准，行动中企业要帮的村，要求全部是建档立卡贫困村，结对到贫困村后，帮扶资源和措施要重点瞄向建档立卡贫困人口；帮扶内容精准，充分发挥企业人才、资金、技术、管理等方面的优势，多做一些帮助和带动贫困户增收的工作；帮扶方式精准，注重激发贫困户自力更生、艰苦奋斗、勤劳致富的内生动力，不仅要帮他们富口袋，更要帮他们富脑袋，帮助他们解放思想、敢想敢干，培训他们提升能力、能干会干；帮扶成效精准，研究建立评估机制，以建档立卡贫困村脱贫摘帽、建档立卡贫困户脱贫销号为主要指标，评估帮扶成效。

33. 对歪风邪气亮起红灯

2014年10月9日，中央纪委监察部网站通报，广东省委原常委、广州市委原书记万庆良被开除党籍和公职。经查，万庆良"严重违反中央八项规定精神，多次出入私人会所"。在中央发出通知，要求严肃整治"会所中的歪风"之后，仍有一些党员领导干部像万庆良一样，不收敛、不收手，违规出入私人会所，其中就包括周本顺、杨卫泽、肖天等人。

另据福建省纪委通报，自2012年，时任武夷山市委常委、常务副市长林春松违规持有武夷山某高尔夫俱乐部会员卡，长期以远低于会员价的价格打高尔夫球，特别是在2013年11月全省开展会员卡专项清退活动期间，林春松欺骗组织，改用他人名义持有会员卡继续打球。2013年6月18日至2015年8月16日，林春松在俱乐部打球163次，其中工作时间打球12次；同时，收受管理和服务对象为其会员卡充值13908元，用于支付高尔夫活动的部分费用。

党员干部违规持有高尔夫球卡等会员卡，出入私人会所，这些看上去是"小问题"，实际隐藏着"大祸患"。事实证明，对党员领导干部来说，各类会员卡与私人会所极易成为权钱交易的媒介、滋生腐败的温床。所谓破法必先破纪，腐败问题往往以作风问题开端，作风问题的背后是纪律问题。对此类"歪风"决不能姑息纵容，必须用严明的纪律加强约束。

党纪处分条例是规范所有党组织和党员行为的基础性法规，在党内法规体系中居于十分重要的地位。2003年12月中共中央印发的《中国共产党纪律处分条例》，对维护党的章程和其他党内法规，严肃党的纪律等发挥了重要作用。《中国共产党纪律处分条例》的颁布实施，是党在新的历史时期从严治党、加强党的建设的重大举措，是党的纪律建设进入科学化、规范化新阶段的重要里程碑。《条例》所规定的实施党纪处分的基本原则、纪律处分的种类、纪律处分的运用规则和对各种违纪行为定性量纪的规定等内容，是对建党以来特别是党的十一届三中全会以来党纪建设工作的实践经验和历史教训的科学总结，对于防止和避免"以言代法""以言代纪"现象的发生，力戒党纪处分的随意性，维护党纪处分的权威性、严肃性和统一性，具有重要的意义。

党的十八大以来，随着形势发展，该条例已不能完全适应全面从严治党新的实践需要，党中央决定予以修订。2015年10月12日，中共中央政治局召开会议审议通过了《中国共产党纪律处分条例》。新的《中国共产党纪律处分条例》，坚持依规治党与以德治党相结合，围绕党纪戒尺要求，明确违反政治纪律、组织纪律、廉洁纪律、群众纪律、工作纪律和生活纪律等六类违纪行为，开列负面清单，重在立规，将党的十八大以来严明政治纪律和政治规矩、组织纪律、落实八项规定、反对"四风"等从严治党的实践成果制度化、常态化，划出了党组织和党员不可触碰的底线。新修订的《中国共产党纪律处分条例》的颁布实施，是党在新的历史时期从严治党、加强党的建设的重大举措，是党的纪律建设进入科学化、规范化新阶段的重要里程碑。

自2016年1月1日，《中国共产党纪律处分条例》实施后，对维护党章和其他党内法规、严肃党的纪律、坚持从严管党治党发挥了重要作用。党的十九大将纪律建设纳入新时代党的建设总体布局，在党章中充实完善了纪律建设相关内容。党中央决定根据新的形势、任务和要求，对《中国共产党纪律处分条例》予以修订完善。2018年7月31日，中共中央政治局召开会议，审议《中国共产党纪律处分条例》。8月26日，新修订的《中国共产党纪律处分条例》公布。此次修订是以坚持习近平新时代中国特色社会主义思想为指导、自觉做到"两个维护"、增强"四个意识"为出发点和落脚点，进一步突出政治性，彰显时代性，增强针对性，再次释放出以铁的纪律管党治党的强烈信号。

《条例》全面贯彻习近平新时代中国特色社会主义思想和党的十九大精神，以党章为根本遵循，将党的纪律建设的理论、实践和制度创新成果，以党规党纪形式固定下来，着力提高纪律建设的政治性、时代性、针对性。严明政治纪律和政治规矩，把坚决维护习近平总书记党中央的核心、全党的核心地位，坚决维护党中央权威和集中统一领导作为出发点和落脚点，将党章和《关于新形势下党内政治生活的若干准则》等党内法规的要求细化具体化。坚持问题导向，针对管党治党存在的突出问题扎紧笼子，实现制度的与时俱进，使全面从严治党的思路举措更加科学、更加严密、更加有效。

2018年新修订的《中国共产党纪律处分条例》（以下简称《条例》）规定：

收受可能影响公正执行公务的礼品、礼金、消费卡和有价证券、股权、其他金融产品等财物，情节较轻的，给予警告或者严重警告处分；情节较重的，给予撤销党内职务或者留党察看处分；情节严重的，给予开除党籍处分。

向从事公务的人员及其配偶、子女及其配偶等亲属和其他特定关系人赠送明显超出正常礼尚往来的礼品、礼金、消费卡和有价证券、股权、其他金融产品等财物，情节较重的，给予警告或者严重警告处分；情节严重的，给予撤销党内职务或者留党察看处分。

借用管理和服务对象的钱款、住房、车辆等，影响公正执行公务，情节较重的，给予警告或者严重警告处分；情节严重的，给予撤销党内职务、留党察看或者开除党籍处分。

利用职权或者职务上的影响操办婚丧喜庆事宜，在社会上造成不良影响的，给予警告或者严重警告处分；情节严重的，给予撤销党内职务处分；借机敛财或者有其他侵犯国家、集体和人民利益行为的，从重或者加重处分，直至开除党籍。

接受、提供可能影响公正执行公务的宴请或者旅游、健身、娱乐等活动安排，情节较重的，给予警告或者严重警告处分；情节严重的，给予撤销党内职务或者留党察看处分。

违反有关规定取得、持有、实际使用运动健身卡、会所和俱乐部会员卡、高尔夫球卡等各种消费卡，或者违反有关规定出入私人会所，情节较重的，给予警告或者严重警告处分；情节严重的，给予撤销党内职务或者留党察看处分。

《条例》明确对此类行为进行处分，使得查处具有了法规制度的保障，对党员的约束力明显增强，传递出越往后执纪越严的信号。

34."十三五"规划

六十年风雨沧桑、一甲子岁月轮回。回首第一个五年规划至今走过的 60 多年，我国经历了从高度集中的计划经济体制到充满活力的社会主义市场经济体制，从封闭半封闭到全方位开放的伟大历史转折，抓住了关键时期，打赢了攻坚之役，赢得了战略机遇，取得了举世瞩目的成功。特别是"十二五"以来，面对错综复杂的国际环境和艰巨繁重的国内改革发展稳定任务，中国共产党团结带领全国各族人民顽强拼搏、开拓创新，奋力开创了党和国家事业发展新局面，我国经济实力、科技实力、国防实力、国际影响力又上了一个新台阶。尤为重要的是，党的十八大以来，以习近平同志为核心的党中央毫不动摇坚持和发展中国特色社会主义，勇于实践、善于创新，深化对中国共产党执政规律、社会主义建设规律、人类社会发展规律的认识，形成一系列治国理政新理念新思想新战略，为在新的历史条件下深化改革开放、加快推进社会主义现代化提供了科学理论指导和行动指南。昨天的奋斗为今天奠基。这些努力和成绩既充分证明中国共产党是善于驾驭各种复杂局面，能够应对任何风险考验的执政党，不愧于中国特色社会主义事业的坚强领导核心，同时也为"十三五"规划的实施打下了坚实基础，积累了宝贵经验。

然而，行百里者半九十。"十三五"时期是全面建成小康社会、实现"两个一百年"奋斗目标的第一个百年奋斗目标的决胜阶段。在这个重要和关键的时间节点上，我国发展既处于可以大有作为的重要战略机遇期，也面临诸多矛盾叠加、风险隐患增多的严峻挑战；既有百尺竿头更进一步的展望，也有逆水行舟不进则退的压力。"十三五"规划，将是我国跨越"中等收入陷阱"向更高发展阶段迈进的艰难跃升，迎来全面建成小康社会这第一个百年奋斗目标的最后冲刺，也是跋涉在民族复兴之路上的社会主义中国的关键一程。

中国共产党第十八届中央委员会第五次全体会议，于2015年10月26日至29日在北京召开。会议通过了《中共中央关于制定国民经济和社会发展第十三个五年规划的建议》和《中国共产党第十八届中央委员会第五次全体会议公报》。

全会认为，到二〇二〇年全面建成小康社会，是我们党确定的"两个一百年"奋斗目标的第一个百年奋斗目标。"十三五"时期是全面建成小康社会决胜阶段，"十三五"规划必须紧紧围绕实现这个奋斗目标来制定。

党的十八大以来，以习近平同志为核心的党中央毫不动摇坚持和发展中国特色社会主义，勇于实践、善于创新，深化对共产党执政规律、社会主义建设规律、人类社会发展规律的认识，形成一系列治国理政新理念新思想新战略，为在新的历史条件下深化改革开放、加快推进社会主义现代化提供了科学理论指导和行动指南。全会强调，如期实现全面建成小康社会奋斗目标，推动经济社会持续健康发展，必须遵循以下原则：坚持人民主体地位，坚持科学发展，坚持深化改革，坚持依法治国，坚持统筹国内国际两个大局，坚持党的领导。全会提出了全面建成小康社会新的目标要求：经济保持中高速增长，在提高发展平衡性、包容性、可持续性的基础上，到二〇二〇年国内生产总值和城乡居民人均收入比二〇一〇年翻一番，产业迈向中高端水平，消费对经济增长贡献明显加大，户籍人口城镇化率加快提高。农业现代化取得明显进展，人民生活水平和质量普遍提高，我国现行标准下农村贫困人口实现脱贫，贫困县全部摘帽，解决区域性整体贫困。国民素质和社会文明程度显著提高。生态环境质量总体改善。各方面制度更加成熟更加定型，国家治理体系和治理能力现代化取得重大进展。

全会强调，实现“十三五”时期发展目标，破解发展难题，厚植发展优势，必须牢固树立并切实贯彻创新、协调、绿色、开放、共享的发展理念。这是关系我国发展全局的一场深刻变革。坚持创新发展，必须把创新摆在国家发展全局的核心位置，不断推进理论创新、制度创新、科技创新、文化创新等各方面创新，让创新贯穿党和国家一切工作，让创新在全社会蔚然成风。拓展发展新空间，形成沿海沿江沿线经济带为主的纵向横向经济轴带，培育壮大若干重点经济区，实施网络强国战略，实施“互联网+”行动计划，发展分享经济，实施国家大数据战略。创新和完善宏观调控方式，在区间调控基础上加大定向调控力度，减少政府对价格形成的干预，全面放开竞争性领域商品和服务价格。全会提出，坚持协调发展，必须牢牢把握中国特色社会主义事业总体布局，正确处理发展中的重大关系，重点促进城乡区域协调发展，促进经济社会协调发展，促进新型工业化、信息化、城镇化、农业现代化同步发展，在增强国家硬实力的同时注重提升国家软实力，不断增强发展整体性。坚持绿色发展，必须坚持节约资源和保护环境的基本国策，坚持可持续发展，坚定走生产发展、生活富裕、生态良好的文明发展道路，加快建设资源节约型、环境友好型社会，形成人与自然和谐发展现代化建设新格局，推进美丽中国建设，为全球生态安全作出新贡献。全会提出，坚持开放发展，必须顺应我国经济深度融入世界经济的趋势，奉行互利共赢的开放战略，发展更高层次的开放型经济，积极参与全球经济治理和公共产品供给，提高我国在全球经济治理中的制度性话语权，构建广泛的利益共同体。全会提出，坚持共享发展，必须坚持发展为了人民，发展依靠人民，发展成果由人民共享，作出更有效的制度安排，使全体人民在共建共享发展中有更多获得感，增强发展动力，增进人民团结，朝着共同富裕方向稳步前进。提高教育质量，推动义务教育均衡发展，普及高中阶段教育，逐步分类推进中等职业教育免除学杂费，率先从建档立卡的家庭经济困难学生实施普通高中免除学杂费，实现家庭经济困难学生资助全覆盖。建立更加公平可持续的社会保障制度，实施全民参保计划，实现职工基础养老金全国统筹，划转部分国有资本充实社保基金，全面实施城乡居民大病保险制度。促进人口均衡发展，坚持计划生育的基本国策，完善人口发展战略，全面实施一对夫妇可生育两个孩子政策，积极开展应对人口老龄化行动。

全会分析了当前形势和任务，强调当前和今后一个时期，全党全国的一项重要政治任务，就是深入贯彻落实全会精神，把《建议》确定的各项决策部署和工作要求落到实处。

35. 供给侧结构性改革

2015 年 11 月 10 日上午，中共中央总书记、国家主席、中央军委主席、中央财经领导小组组长习近平主持召开中央财经领导小组第十一次会议，研究经济结构性改革和城市工作。2016 年 1 月 27 日，中共中央总书记、国家主席、中央军委主席、中央财经领导小组组长习近平主持召开中央财经领导小组第十二次会议，研究供给侧结构性改革方案。2017 年 10 月 18 日，习近平总书记在党的十九大报告中指出，深化供给侧结构性改革。建设现代化经济体系，必须把发展经济的着力点放在实体经济上，把提高供给体系质量作为主攻方向，显著增强我国经济质量优势。2018 年 3 月 5 日，李克强总理在 2018 年《政府工作报告》中将"发展壮大新动能"和"加快制造强国建设"列为供给侧结构性改革任务前两位，加快制造业升级，培育经济新动能。

供给侧结构性改革可以用"供给侧 + 结构性 + 改革"这样一个公式来理解，即从提高供给质量出发，用改革的办法推进结构调整，矫正要素配置扭曲，扩大有效供给，提高供给结构对需求变化的适应性和灵活性，提高全要素生产率，更好满足广大人民群众的需要，促进经济社会持续健康发展。供给侧结构性改革的根本目的是提高社会生产力水平，落实好以人民为中心的发展思想。要在适度扩大总需求的同时，去产能、去库存、去杠杆、降成本、补短板，从生产领域加强优质供给，减少无效供给，扩大有效供给，提高供给结构适应性和灵活性，提高全要素生产率，使供给体系更好适应需求结构变化。也就是说，供给侧结构性改革，就是用增量改革促存量调整，在增加投资过程中优化投资结构、产业结构开源疏流，在经济可持续高速增长的基础上实现经济可持续发展与人民生活水平不断提高；就是优化产权结构，国进民进、政府宏观调控与民间活力相互促进；就是优化投融资结构，促进资源整合，实现资源优化配置与优化再生；就是优化产业结构、提高产业质量，优化产品结构、提升产品质量；就是优化分配结构，实现公平分配，使消费成为生产力；就是优化流通结构，节省交易成本，提高有效经济总量；就是优化消费结构，实现消费品不断升级，不断提高人民生活品质，实现创新—协调—绿色—开放—共享的发展。

36. 五大战区

中国人民解放军五大战区，指的是东部战区、南部战区、西部战区、北部战区、中部战区，为正大军区级，归中国共产党中央军事委员会建制领导。

五大战区作为本战略方向的唯一最高联合作战指挥机构，按照平战一体、常态运行、专司主营、精干高效的要求，履行联合作战指挥职能，担负应对本战略方向安全威胁、维护和平、遏制战争、打赢战争的使命。五大战区臂章图案中混合了钢枪（陆军）、飞翅（空军）、铁锚（海军）、导弹（火箭军）、指挥刀（原总部元素）。

2015年11月24日，中央军委召开改革工作会议，部署深化国防和军队改革任务，对领导管理体制和联合作战指挥体制进行一体设计，通过调整军委总部体制、实行军委多部门制，组建陆军领导机构、健全军兵种领导管理体制，重新调整划设战区、组建战区联合作战指挥机构，健全军委联合作战指挥机构等重大举措，着力构建军委——战区——部队的作战指挥体系和军委——军种——部队的领导管理体系。

2016年2月1日，中国人民解放军战区成立大会在北京八一大楼隆重举行。中共中央总书记、国家主席、中央军委主席习近平向东部战区、南部战区、西部战区、北部战区、中部战区授予军旗并发布训令，强调建立东部战区、南部战区、西部战区、北部战区、中部战区，组建战区联合作战指挥机构，是党中央和中央军委着眼实现中国梦强军梦作出的战略决策，是全面实施改革强军战略的标志性举措，是构建我军联合作战体系的历史性进展，对确保我军能打仗、打胜仗，有效维护国家安全，具有重大而深远的意义。

五大战区更加着重把陆军、海军、空军和火箭军等整合在一起，构建军队联合作战体系，实现跨区兵种在战区内的垂直和多相的指挥和联合协同的作战，增加机动力和联合指挥作战的能力，使中国人民解放军变成一支专业化武装部队。

37. "三去一降一补"

2015年12月18日至21日，中央经济工作会议在京举行。会议提出，2016年经济社会发展特别是结构性改革任务十分繁重，战略上要坚持稳中求进、把握好节奏和力度，战术上要抓住关键点，主要是抓好去产能、去库存、去杠杆、降成本、补短板五大任务。

去产能，即化解产能过剩，是指为了解决产品供过于求而引起产品恶性竞争的不利局面，寻求对生产设备及产品进行转型和升级的方法。受国际金融危机的深层次影响，国际市场持续低迷，国内需求增速趋缓，我国部分产业供过于求矛盾日益凸显，传统制造业产能普遍过剩，特别是钢铁、水泥、电解铝等高消耗、高排放行业尤为突出。当前，我国出现产能严重过剩主要受发展阶段、发展理念和体制机制等多种因素的影响。中央经济工作会议把"去产能"列为2016年五大结构性改革任务之首，并明确了"多兼并重组，少破产清算"的思路。

积极稳妥化解产能过剩。要按照企业主体、政府推动、市场引导、依法处置的办法，研究制定全面配套的政策体系，因地制宜、分类有序处置，妥善处理保持社会稳定和推进结构性改革的关系。要依法为实施市场化破产程序创造条件，加快破产清算案件审理。要提出和落实财税支持、不良资产处置、失业人员再就业和生活保障以及专项奖补等政策，资本市场要配合企业兼并重组。要尽可能多兼并重组、少破产清算，做好职工安置工作。要严格控制增量，防止新的产能过剩。

去库存，主要是化解房地产库存。按照加快提高户籍人口城镇化率和深化住房制度改革的要求，通过加快农民工市民化，扩大有效需求，打通供需通道，消化库存，稳定房地产市场。落实户籍制度改革方案，允许农业转移人口等非户籍人口在就业地落户，使他们形成在就业地买房或长期租房的预期和需求。明确深化住房制度改革方向，以满足新市民住房需求为主要出发点，以建立购租并举的住房制度为主要方向，把公租房扩大到非户籍人口。发展住房租赁市场，鼓励自然人和各类机构投资者购买库存商品房，成为租赁市场的房源提供者，鼓励发展以住房租赁为主营业务的专业化企业。鼓励房地产开发企业顺应市场规律调整营销策略，适当降低商品住房价格，促进房地产业兼并重组，提高产业集中度。取消过时的限制性措施。

去杠杆，"杠杆"是指特定主体通过借入债务，以较小规模的自有资金撬动大量资金，以此扩大经营规模。比如个人、企业和政府等主体向金融机构借贷或发债等，都是加杠杆的行为。微观上一般以总资产与权益资本的比率衡量杠杆率水平，宏观上一般以"债务/GDP"衡量杠杆率水平。适度加杠杆有利于企业盈利和经济发展，但如果杠杆率过高，债务增速过快，还债的压力就会反过来增大金融风险甚至拖累发展。中央经济工作会议把"去杠杆"列为 2016 年结构性改革的重点任务之一，积极推动在提高生产效率、推动经济增长的过程中改善债务结构，增加权益资本比重，以可控方式和可控节奏逐步减少杠杆，防范金融风险压力，促进经济持续健康发展。对信用违约要依法处置。要有效化解地方政府债务风险，做好地方政府存量债务置换工作，完善全口径政府债务管理，改进地方政府债券发行办法。要加强全方位监管，规范各类融资行为，抓紧开展金融风险专项整治，坚决遏制非法集资蔓延势头，加强风险监测预警，妥善处理风险案件，坚决守住不发生系统性和区域性风险的底线。

降成本，即帮助企业降低成本。降低制度性交易成本，转变政府职能、简政放权，进一步清理规范中介服务。降低企业税费负担，进一步正税清费，清理各种不合理收费，营造公平的税负环境，研究降低制造业增值税税率。降低社会保险费，研究精简归并"五险一金"。降低企业财务成本，金融部门要创造利率正常化的政策环境，为实体经济让利。降低电力价格，推进电价市场化改革，完善煤电价格联动机制。降低物流成本，推进流通体制改革。

补短板，补基础设施建设短板，解决城市基础设施和公共服务设施建设滞后，中心城区地下管网老旧、水电气暖及环卫设施不配套等问题。补经济持续健康发展短板，解决结构优化调整缓慢，实体经济发展不快，金融产品有效供给不足，企业融资成本过高，产业投资增量减少，增长新动力不足，投资需求降低等问题。补科技创新进步短板，解决创新能力不强，创新活力不足，科技研发投入偏低，科技成果转化缓慢，高新技术产业规模较小等问题。补城乡统筹发展短板，解决新农村建设标准不高，都市现代农业规模不大，农民生产生活条件相对落后，城乡差别较大等问题。补民生建设短板，解决公共服务体系不完善，基本公共服务不均衡，教育、医疗、卫生、文化、就业和社会保障服务水平不高等问题。补对外开放短板，解决国际交流合作不活跃，投资贸易规模不大，对中亚市场辐射力不强和城市开放度不高等问题。补环保生态建设短板，解决发展受水、土地等资源硬约束加剧，"城市病"较为突出，环境容量和生态承载力严重不足，环保基础设施欠缺，大气污染区域联防联控不到位等问题。补人才队伍建设短板，解决人力资源管理政策不活，人才管理体制机制改革相对滞后，各领域人才特别是企业科技、管理人才相对匮乏，各类人才待遇较低等问题。

38. 应对人口老龄化的行动

2015 年初，国家卫生计生委及相关部门，围绕"十三五"时期人口发展战略和应对老龄化政策进行了专题研究。

2015 年 3 月之后，国家卫生计生委又组织若干研究团队，就全面实施两孩政策进行了多方案测算和研究论证。先后召开了近百场研讨会，听取了人口、经济社会、资源环境领域专家和各级卫生计生部门、相关部门的意见，到 20 多个省份开展了深入调研，会同发展改革委等相关部门反复论证，形成了系列研究报告和有关全面两孩政策的建议，为科学决策提供了重要支撑。

中国共产党第十八届中央委员会第五次全体会议通过的《中国共产党第十八届中央委员会第五次全体会议公报》指出，促进人口均衡发展，坚持计划生育的基本国策，完善人口发展战略，全面实施一对夫妇可生育两个孩子政策，积极开展应对人口老龄化行动。

2015 年 12 月 21 日至 27 日，十二届全国人大常委会第十八次会议在北京召开，此次会议初次审议了人口与计划生育法修正案草案。草案提出，本修正案自 2016 年 1 月 1 日起施行。2016 年 1 月 5 日，中央发文明确生育两孩无需审批，由家庭自主安排生育。

我国的人口形势发生了转折性变化，人口总量增长的势头减弱，人口结构性问题突出，劳动年龄人口开始减少，老龄化程度加深，出生人口性别比居高难下，人口均衡发展的压力增大。早在 1980 年，党中央发表的《关于控制我国人口增长问题致全体共产党员共青团员的公开信》就指出，到 30 年后，特别紧张的人口增长问题可以缓和，也就可以采取不同的人口政策了。当前，中国人口发展出现转折性变化。一是人口总量增长的势头明显减弱，育龄妇女数量逐步减少，特别是20—29岁生育旺盛期妇女数量下降较快。群众生育意愿发生转变，少生优生成为社会生育观念的主流。二是人口结构性问题日益突出，劳动年龄人口开始减少，老龄化程度不断加深，出生人口性别比长期持续偏高。三是家庭规模缩小，养老抚幼、互助互济等传统功能弱化。这些变化，给经济社会发展和人口安全带来新的挑战。今后几年，我国劳动力资源比较丰富，社会抚养负担较轻，是调整完善计划生育政策的有利时机。遵循人口发展规律，顺应人民群众期盼，实施全面两孩政策，有利于优化人口结构、保持经济社会发展活力、促进家庭幸福与社会和谐，有利于中华民族长远发展和"两个一百年"奋斗目标的实现。

2021年5月31日，中共中央政治局召开会议，审议《关于优化生育政策促进人口长期均衡发展的决定》并指出，为进一步优化生育政策，实施一对夫妻可以生育三个子女政策及配套支持措施。

2021年7月20日，《中共中央、国务院关于优化生育政策促进人口长期均衡发展的决定》公布。7月21日，《国家医疗保障局办公室关于做好支持三孩政策生育保险工作的通知》（医保办发〔2021〕36号）发布。2021年8月20日，全国人大常委会会议表决通过了关于修改人口与计划生育法的决定，修改后的人口计生法规定，国家提倡适龄婚育、优生优育，一对夫妻可以生育三个子女。

39. 四个"铁一般"

2015年12月11日，全国党校工作会议召开，习近平总书记在会上发表重要讲话，指出，这次全国党校工作会议，是党中央召开的一次十分重要的会议。主要任务是，分析研究党校工作面临的形势和任务，贯彻落实《中共中央关于加强和改进新形势下党校工作的意见》，部署当前和今后一个时期党校工作，努力开创党校工作新局面。

我们党要团结带领全国各族人民抓住机遇、战胜挑战，把"四个全面"战略布局落到实处，把创新、协调、绿色、开放、共享的发展理念落到实处，实现第一个百年奋斗目标、全面建成小康社会，进而实现第二个百年奋斗目标、实现中华民族伟大复兴的中国梦，关键在于培养造就一支具有铁一般信仰、铁一般信念、铁一般纪律、铁一般担当的干部队伍。

"四铁"干部丰富了新时期"好干部"的内涵，具有鲜明的时代特征。

铁一般信仰，是指党员、干部必须真诚信仰马克思主义，把对马克思主义"铁一般信仰"牢固立起来，完整准确地理解马克思主义，发自内心真信、真学、真用马克思主义。做到原原本本精读马克思主义经典著作，创造性地接受和吸收马克思主义科学智慧的滋养，自觉运用马克思主义的立场、观点和方法指导新的实践，不断提高辩证思维能力和驾驭大局能力，永葆对党忠诚的政治品格，忠实践行党的宗旨，全心全意为人民服务，始终保持与人民群众的血肉联系。

坚定理想信念，坚守共产党人高尚精神追求，始终是共产党人安身立命的根本，是我们经受住任何考验的精神支柱。中国共产党自成立之日起，就把解放全人类、实现共产主义鲜明地写在自己的旗帜上。新的时代条件下，领导干部把"铁一般信念"牢固立起来，就是要把对共产主义和社会主义，尤其是中国特色社会主义"铁一般信念"牢固立起来。增强中国特色社会主义的道路自信、理论自信、制度自信、文化自信，矢志不渝为中国特色社会主义而奋斗。

我们党是靠革命理想和铁的纪律组织起来的马克思主义政党，守纪律是对领导干部党性的重要考验和对党忠诚度的重要检验。新的时代条件下，我们党肩负新的历史使命、开创新的伟大事业，要求我们必须把纪律建设摆在更加重要的位置，领导干部必须自觉把"铁一般纪律"牢固立起来。铁一般纪律，是指党员、干部必须牢固树立党章党规党纪意识，严格遵守党的纪律和规矩，模范遵守国家的法律法规，带头维护纪律的严肃性和权威性。

铁一般担当，是指党员、干部必须坚持原则、认真负责，面对大是大非敢于亮剑，面对矛盾敢于迎难而上，面对危机敢于挺身而出，面对失误敢于承担责任，面对歪风邪气敢于坚决斗争。

铁一般信仰、铁一般信念、铁一般纪律、铁一般担当是习近平总书记对广大党员干部提出的新要求，这是广大党员干部肩负使命、敢于担当的应有品质，进一步指明了党员干部的努力方向，成为干部选拔任用的重要遵循，对于建设高素质的干部队伍具有重要意义。

40. 火箭军的成立

在 60 多年前，"中国火箭之父"钱学森发出了成立中国人民解放军火箭军的呼声，而且这件事就发生在 1956 年的元旦期间。据记载，钱学森在讲课时，在黑板上写下"火箭军"三个字。他说，这"火箭军"，也就是导弹部队，是一支不同于现有的陆、海、空三军的新型部队，是一支能够远距离、高准确度命中目标的部队，是现代化战争中极其重要的后起之秀。兴之所至，钱学森大声疾呼："中国人完全有能力，自力更生制造出自己的火箭。我建议中央军委，成立一个新的军种，名字可以叫'火箭军'，就是装备火箭的部队。"

中国人民解放军火箭军前身第二炮兵，成立于 1966 年 7 月 1 日，由毛泽东主席批准，周恩来总理亲自命名，始终由中央军委直接掌握，是中国实施战略威慑的核心力量，主要担负遏制他国对中国使用核武器、遂行核反击和常规导弹精确打击任务。这支掌握着"大国利剑"的神秘部队从诞生伊始便肩负着保障中华民族根本生存利益的重任，可以说，对于潜在的敌对势力而言，"二炮"堪比古希腊神话中的"达摩克利斯"之剑，是震慑敌人的最有力杀手锏。

2015 年 12 月 31 日，中央军委举行仪式，将第二炮兵正式命名为"中国人民解放军火箭军"部队，并授予军旗，第二炮兵也由原来的战略性独立兵种，上升为独立军种。从"二炮"到"火箭军"，这反映了中国核力量的发展历程。2015 年 12 月 31 日，中国人民解放军陆军领导机构、中国人民解放军火箭军、中国人民解放军战略支援部队成立大会在八一大楼隆重举行。成立火箭军是党中央和中央军委着眼实现中国梦强军梦作出的重大决策，是构建中国特色现代军事力量体系的战略举措，必将成为中国军队现代化建设的一个重要里程碑，载入人民军队史册。2016 年 7 月 1 日，火箭军换发新军服，衬衣为国际经典色。

中国人民解放军火箭军是中国战略威慑的核心力量，是中国大国地位的战略支撑，是维护国家安全的重要基石。火箭军全体官兵要把握火箭军的职能定位和使命任务，按照核常兼备、全域慑战的战略要求，增强可信可靠的核威慑和核反击能力，加强中远程精确打击力量建设，增强战略制衡能力，努力建设一支强大的现代化火箭军。

41. 启动"天网行动"

2016年1月12日，习近平总书记在中国共产党第十八届中央纪律检查委员会第六次全体会议上发表重要讲话。他强调，我们坚定不移反对腐败，使我们占据了国际道义制高点。过去，美国等西方国家总想用反腐败问题来拿捏我们，不断在联合国、二十国集团、亚太经合组织等场合提出所谓反腐败问题。现在，我们在国际上一举转为战略主动。我们加强反腐败国际多边双边合作，启动"天网行动"，加大追逃追赃力度，将一批外逃多年的犯罪分子缉拿归案。我们主动提出一系列反腐败国际合作倡议，倡议构建国际反腐新秩序，特别是加大对美国等西方国家在反腐败合作方面的压力，要求他们不要成为腐败分子的"避罪天堂"。原来他们认为那些犯罪嫌疑人是他们手中的牌，现在都成了手里的烫山芋。各方面对我们敢于向腐败亮剑是佩服的，我们的反腐行动赢得了国际社会尊重。

"天网"行动由多个专项行动组成，分别由中央组织部、最高人民检察院、公安部、人民银行等单位牵头开展。中央组织部重点对领导干部违规办理和持有证照情况进行清查处理，并对审批、保管环节负有责任人员进行追责；最高人民检察院牵头开展职务犯罪国际追逃追赃专项行动，重点抓捕潜逃境外的职务犯罪嫌疑人。公安部牵头开展"猎狐2015"专项行动，重点缉捕外逃职务犯罪嫌疑人和腐败案件重要涉案人；人民银行会同公安部开展打击利用离岸公司和地下钱庄向境外转移赃款专项行动，重点对地下钱庄违法犯罪活动，利用离岸公司账户、非居民账户等协助他人跨境转移赃款等进行集中打击。

"天网"行动得到美国、澳大利亚、新加坡、柬埔寨等国家和地区政府的协助，成效显著。

42.“两学一做”学习教育

2016年9月的一天，柳西社区党总支走进一位白发苍苍的老人。她步履有些缓慢，身上背着牛仔裤改制的布口袋，里面还有几个空塑料瓶。解开布口袋，老人掏出几个手工缝制的小布袋，倒出足足几百枚钢镚儿，全是1元和5角硬币，沉甸甸地放在桌子上。面对满脸疑惑的工作人员，老人微笑着说，“这是355元，我来补交党费。”

老人名叫孙淑珍，原是溪湖区白灰厂职工，1985年入党。丈夫1994年去世，大儿子患有高血压，下岗后一直在家，二儿子和女儿都是普通工人，日子过得紧紧巴巴。孙淑珍是个要强的老人，坚决不给儿女添麻烦，独自一人租房居住。

2015年大儿子因脑出血去世。人没救活，但长期治疗，加上几次抢救手术，花了不少钱。孙淑珍拿出自己一辈子的积蓄，不够时又让子女、亲戚筹了7万余元。那时孙淑珍每月退休金是1854元。要强的老人，除去每月500元房租、自己三四百元的药费，节衣缩食，每月生活费还不到200元，剩下的钱全部用来还债。日用不足，还靠收废品、缝布头补贴。355元的党费，其实是孙淑珍老人靠收废品卖的钱，一分分、一毛毛攒够的。355元对大多数人算不了什么，对孙淑珍老人，却是无数次弯腰捡拾的劳作。

当天值班的社区副书记唐淑霞听了一阵心酸，劝孙淑珍：“大娘，补交的党费你先拿回去。我们开总支会研究一下，针对生活困难的特殊党员有减免。”怕老人背回去麻烦，工作人员把硬币换成纸币，硬塞到孙淑珍手里。握着钱，孙淑珍眼泪掉了下来：“我受党教育这么多年，交党费是应该的。"

之后，经研究批准，孙淑珍应补交的党费被全部减免。孙淑珍听说后，却怎么也不同意，"不能亏组织！我是党员就必须履行义务，我入党时宣过誓，就要永远跟党走！"

当支部书记来到孙淑珍老人简陋而略显凌乱的家里，各种学习资料却整齐摆在窗台。一见面，老人打开电灯，把早就准备好的党费交给党总支书记黄齐平。"你们来，省得我跑了。我今年都82岁了，身体不好，不知道哪天闭眼就醒不过来了。但不管怎么样，党费也必须交！不能对不起组织。"

"孙姨现在有点记不住事，要问好几遍自己党费是不是交了。去年底来看她，她就要提前把党费都交了。"黄齐平说。为了能和女儿有个照应，孙淑珍把房子租在离女儿家较近的平山区，党组织关系始终在溪湖区柳西社区，两地相距20多公里，但孙淑珍一直坚持坐公交车去社区参加党员活动。

年纪大并没有妨碍孙淑珍为社区党组织工作发挥余热。老人有一摞证书，她一直小心收藏着，看作是自己作为一名党员的荣誉。问起其中任何一个，老人都能绘声绘色讲述半天。"维护社会治安见义勇为先进分子""十佳文明公民"……每一个都记录着一名普通党员不平凡的过去。

当得知现在退休金涨到每月2120元了，孙淑珍特别激动："感谢党，感谢你们！你们现在为党工作，更了解党的理论，我要向你们多学习！"

孙淑珍80多岁，生活困难，仍要补交党费，可以说，是一位合格的党员。

2016年2月，中共中央办公厅印发了《关于在全体党员中开展"学党章党规、学系列讲话，做合格党员"学习教育方案》，并发出通知，要求各地区各部门认真贯彻执行。

开展"两学一做"学习教育，是落实党章关于加强党员教育管理要求、面向全体党员深化党内教育的重要实践，是推动党内教育从"关键少数"向广大党员拓展、从集中性教育向经常性教育延伸的重要举措，是加强党的思想政治建设的重要部署。"两学一做"学习教育不是一次活动，要突出正常教育，区分层次，有针对性地解决问题，用心用力，抓细抓实，真正把党的思想政治建设抓在日常、严在经常。开展"两学一做"学习教育，基础在学，关键在做。要把党的思想建设放在首位，以尊崇党章、遵守党规为基本要求，以用习近平总书记系列重要讲话精神武装全党为根本任务，教育引导党员自觉按照党员标准规范言行，进一步坚定理想信念，提高党性觉悟；进一步增强政治意识、大局意识、核心意识、看齐意识，坚定正确政治方向；进一步树立清风正气，严守政治纪律政治规矩；进一步强化宗旨观念，勇于担当作为，在生产、工作、学习和社会生活中起先锋模范作用，为党在思想上政治上行动上的团结统一夯实基础，为协调推进"四个全面"战略布局、贯彻落实五大发展理念提供坚强组织保证。

总之，"两学一做"，是要求共产党员增强政治意识、大局意识、核心意识和看齐意识，自觉在思想上政治上行动上同党中央保持高度一致；就是要时时处处践行全心全意为人民服务的宗旨，时时处处严格遵守党的纪律和党的规矩，以《廉洁自律准则》为标尺，以《中国共产党纪律处分条例》为戒尺，按照习近平总书记的要求，在《党章》总规矩的规范下，成为一名合格的共产党员。

2017年3月20日，中共中央办公厅印发《关于推进"两学一做"学习教育常态化制度化的意见》。推进"两学一做"学习教育常态化制度化，是坚持思想建党、组织建党、制度治党紧密结合的有力抓手，是不断加强党的思想政治建设的有效途径，是全面从严治党的战略性、基础性工程。推进"两学一做"学习教育常态化制度化，对于进一步用习近平总书记系列重要讲话精神武装全党，确保全党更加紧密地团结在以习近平同志为核心的党中央周围，不断开创中国特色社会主义事业新局面，具有重大而深远的意义。

43. 雄安新区：一项重大的历史性战略选择

雄安新区，涉及河北省雄县、容城、安新3县及周边部分区域，地处北京、天津、保定腹地，区位优势明显、交通便捷通畅、生态环境优良、资源环境承载能力较强，现有开发程度较低，发展空间充裕，具备高起点高标准开发建设的基本条件。

2016年3月24日，中央政治局常委会会议听取关于北京城市副中心和疏解北京非首都功能集中承载地有关情况的汇报，确定疏解北京非首都功能集中承载地新区规划选址并同意定名为"雄安新区"。2017年4月1日，中共中央、国务院决定设立雄安新区。雄安新区规划建设以特定区域为起步区先行开发，起步区面积约100平方公里，中期发展区面积约200平方公里，远期控制区面积约2000平方公里。2017年12月，雄安新区入选"2017年度中国媒体十大流行语"。2018年4月14日，中共中央、国务院批复《河北雄安新区规划纲要》。4月21日，《河北雄安新区规划纲要》正式发布。2018年8月8日，中国雄安集团北京有限公司在北京海淀区正式注册成立。

这是以习近平同志为核心的党中央作出的一项重大的历史性战略选择，是继深圳经济特区和上海浦东新区之后又一具有全国意义的新区，是千年大计、国家大事。对于集中疏解北京非首都功能，探索人口经济密集地区优化开发新模式，调整优化京津冀城市布局和空间结构，培育创新驱动发展新引擎，具有重大现实意义和深远历史意义。党的十八大以来，中共中央总书记、国家主席、中央军委主席习近平多次深入北京、天津、河北考察调研，多次主持召开中央政治局常委会会议、中央政治局会议，研究决定和部署实施京津冀协同发展战略。习近平明确指示，要重点打造北京非首都功能疏解集中承载地，在河北适合地段规划建设一座以新发展理念引领的现代新型城区。2017年2月23日，习近平专程到河北省安新县进行实地考察，主持召开河北雄安新区规划建设工作座谈会。习近平强调，规划建设雄安新区，要在党中央领导下，坚持稳中求进工作总基调，牢固树立和贯彻落实新发展理念，适应把握引领经济发展新常态，以推进供给侧结构性改革为主线，坚持世界眼光、国际标准、中国特色、高点定位，坚持生态优先、绿色发展，坚持以人民为中心、注重保障和改善民生，坚持保护弘扬中华优秀传统文化、延续历史文脉，建设绿色生态宜居新城区、创新驱动发展引领区、协调发展示范区、开放发展先行区，努力打造贯彻落实新发展理念的创新发展示范区。习近平指出，规划建设雄安新区要突出七个方面的重点任务：一是建设绿色智慧新城，建成国际一流、绿色、现代、智慧城市。二是打造优美生态环境，构建蓝绿交织、清新明亮、水城共融的生态城市。三是发展高端高新产业，积极吸纳和集聚创新要素资源，培育新动能。四是提供优质公共服务，建设优质公共设施，创建城市管理新样板。五是构建快捷高效交通网，打造绿色交通体系。六是推进体制机制改革，发挥市场在资源配置中的决定性作用和更好发挥政府作用，激发市场活力。七是扩大全方位对外开放，打造扩大开放新高地和对外合作新平台。

2017年5月17日中共北京市委十一届十四次全会研究讨论的《北京城市总体规划（2016年—2030年)（送审稿)》，北京将构建"一核一主一副、两轴多点一区"的城市空间结构。专家指出"一区"指雄安新区。雄安新区纳入北京城市空间格局，并不是说雄安新区从行政上划入北京，而是北京的一些非首都功能要向雄安新区疏解。以后无论是人才、户籍、土地、产业发展等，北京和雄安都有密切的关系。比如，北京的部分人才和企业有望转到雄安，北京和河北或进行税收和GDP分成。2017年6月23日，河北省政府印发的《河北省综合交通运输体系发展"十三五"规划》提出，雄安新区将建设以城市轨道交通为主的城市道路系统，与周边城际、高铁、高速公路、机场和干线公路网衔接，基本建成集疏高效、服务便捷的新区综合交通系统。2018年12月，国务院正式批复《河北雄安新区总体规划（2018—2035年)》。

44.万米级无人潜水器："海斗号"

2016 年 6 月 22 日—8 月 12 日，中国"探索一号"科考船在马里亚纳海域开展首次综合性万米深渊科考活动。其中，"海斗号"无人潜水器最大潜深达 10767 米，中国成为第三个研制出万米级无人潜水器的国家。

水下机器人是人类探索、认识和利用海洋的有效高技术手段和装备，向深度大于 6500 米的深渊进军是国际上水下机器人的一个重要发展方向和趋势。由于受深海技术的限制，深渊海域是人类知之极少却又难以企及的区域。2003 年，中科院沈阳自动化所在国内率先提出自主遥控水下机器人的理念。两年后，他们研发出首台样机，将光纤通讯与水下机器人结合，并完成了湖试。2007 年，他们获得了国家 863 计划的支持，基于自主遥控水下机器人的设计理念，研发了面向北极科考的水下机器人，并先后 3 次参加北极科考。

2014 年 4 月，在中科院先导专项"海斗深渊"的支持下，"海斗号"的研制工作启动。在短短的两年时间里，团队完成了多项关键技术攻关，开展了压力测试、试验模拟和两次海试验证。有了这些积累，它才有了突破万米深渊的辉煌。2016 年 6 月 22 日，"海斗号"搭乘"探索一号"船，开始了我国首次万米深渊科考工作。但鲜为人知的是，在最初制定科考计划时，团队并没有制订"海斗号"下潜万米的目标。按照原计划，"海斗号"只需要完成 3000 米级的海试验证。2016 年 7 月 1 日航渡期间，课题组在对"海斗号"进行技术状态确认和海试策划准备的基础上，使"海斗号"以携带光纤的遥控模式进行试验性下潜，最终成功下潜至 3959 米，顺利完成了"海斗号"光纤模式下的下潜深度目标。

由唐元贵、王健、陆洋、刘鑫宇 4 人组成的技术保障团队深知此次机会来之不易。为了不让在马里亚纳海沟的 1 个月时间白白浪费，4 人小组当机立断，在科考船上展开技术攻关，启动"海斗号"的自主作业模式，并在多次甲板模拟测试的基础上，冒着海上作业现场临时设计并改变技术状态的风险，以自主模式进行了首次 50 米下潜试验并取得成功。在自主模式下载体平台的安全性和数据记录的有效性得到验证之后，2016 年 7 月 12 日，"海斗号"向深渊发起挑战。团队经过连夜的技术分析与讨论，将下潜深度由最初上报的 7000 米直接提升至 8000 米以深。最终，"海斗号"成功下潜 8201 米。此后，"海斗号"便一路攻城拔寨：它相继于 2016 年 7 月 18 日、23 日、27 日和 28 日，分别下潜 9740 米、9827 米、10310 米和 10767 米。

10767 米，这绝不仅仅只是一个数字那么简单，它创造了我国无人潜水器的最大下潜及作业深度纪录，使我国成为继日、美两国之后第三个拥有研制万米级无人潜水器能力的国家。

45. 不忘初心、继续前进

历史，从未停止前行的脚步；时代，期待中国共产党人新的出发。

2016年7月1日，在庆祝中国共产党成立95周年大会上，习近平总书记发表重要讲话，全面总结我们党团结带领中国人民不懈奋斗的光辉历程、伟大贡献和历史启示，深刻阐述不忘初心、继续前进必须牢牢把握的八方面要求，对全党在新的历史起点做好党和国家各项工作，指明了前进方向，明确了行动指南。讲话气势恢宏、意蕴深厚、体大思精，充分展现了共产党人的本色初衷、雄心壮志和使命担当，是引领党和人民事业不断发展的重要纲领性文献，为决胜全面小康、实现中国梦凝聚起必胜信心和磅礴力量。

习近平总书记指出，我们党已经走过了95年的历程，但我们要永远保持建党时中国共产党人的奋斗精神，永远保持对人民的赤子之心。一切向前走，都不能忘记走过的路；走得再远、走到再光辉的未来，也不能忘记走过的过去，不能忘记为什么出发。面向未来，面对挑战，全党同志一定要不忘初心、继续前进。

——坚持不忘初心、继续前进，就要坚持马克思主义的指导地位，坚持把马克思主义基本原理同当代中国实际和时代特点紧密结合起来，推进理论创新、实践创新，不断把马克思主义中国化推向前进。

——坚持不忘初心、继续前进，就要牢记我们党从成立起就把为共产主义、社会主义而奋斗确定为自己的纲领，坚定共产主义远大理想和中国特色社会主义共同理想，不断把为崇高理想奋斗的伟大实践推向前进。

　　——坚持不忘初心、继续前进，就要坚持中国特色社会主义道路自信、理论自信、制度自信、文化自信，坚持党的基本路线不动摇，不断把中国特色社会主义伟大事业推向前进。

　　——坚持不忘初心、继续前进，就要统筹推进"五位一体"总体布局，协调推进"四个全面"战略布局，全力推进全面建成小康社会进程，不断把实现"两个一百年"奋斗目标推向前进。

　　——坚持不忘初心、继续前进，就要坚定不移高举改革开放旗帜，勇于全面深化改革，进一步解放思想、解放和发展社会生产力、解放和增强社会活力，不断把改革开放推向前进。

　　——坚持不忘初心、继续前进，就要坚信党的根基在人民、党的力量在人民，坚持一切为了人民、一切依靠人民，充分发挥广大人民群众积极性、主动性、创造性，不断把为人民造福事业推向前进。

　　——坚持不忘初心、继续前进，就要始终不渝走和平发展道路，始终不渝奉行互利共赢的开放战略，加强同各国的友好往来，同各国人民一道，不断把人类和平与发展的崇高事业推向前进。

　　——坚持不忘初心、继续前进，就要保持党的先进性和纯洁性，着力提高执政能力和领导水平，着力增强抵御风险和拒腐防变能力，不断把党的建设新的伟大工程推向前进。

　　"路漫漫其修远兮，吾将上下而求索。"全党同志一定要不忘初心、继续前进，永远保持谦虚、谨慎、不骄、不躁的作风，永远保持艰苦奋斗的作风，勇于变革、勇于创新，永不僵化、永不停滞，继续在这场历史性考试中经受考验，努力向历史、向人民交出新的更加优异的答卷！

46. 量子科学实验卫星"墨子号"

墨子号量子科学实验卫星在酒泉卫星发射中心用长征二号丁运载火箭于 2016 年 8 月 16 日 1 时 40 分发射升空。墨子号量子科学实验卫星是中科院空间科学战略性先导科技专项于 2011 年首批确定的五颗科学实验卫星之一，旨在建立卫星与地面远距离量子科学实验平台，并在此平台上完成空间大尺度量子科学实验，以期取得量子力学基础物理研究重大突破和一系列具有国际显示度的科学成果，并使量子通信技术的应用突破距离的限制，向更深的层次发展，促进广域乃至全球范围量子通信的最终实现。同时，该项目将为广域量子通信各种关键技术和器件的持续创新以及工程化问题提供一流的测试和应用平台，促进空间光跟瞄、空间微弱光探测、空地高精度时间同步、小卫星平台高精度姿态机动、高速单光子探测等技术的发展，形成自主的核心知识产权。

"墨子号"的成功发射，将使我国在世界上首次实现卫星和地面之间的量子通信，构建天地一体化的量子保密通信与科学实验体系。量子卫星的成功发射和在轨运行，还将有助于我国在量子通信技术实用化整体水平上保持和扩大国际领先地位，实现国家信息安全和信息技术水平跨越式提升，有望推动我国科学家在量子科学前沿领域取得重大突破，对于推动我国空间科学卫星系列可持续发展具有重大意义。

2017 年 1 月 18 日，世界首颗量子科学实验卫星"墨子号"在圆满完成 4 个月的在轨测试任务后，正式交付中国科学技术大学使用。

2017 年 6 月 15 日，中国科学家在美国《科学》杂志上报告说，中国"墨子号"量子卫星在世界上首次实现千公里量级的量子纠缠，这意味着量子通信向实用迈出一大步。2017 年 8 月 12 日，"墨子号"取得最新成果——国际上首次成功实现千公里级的星地双向量子通信，为构建覆盖全球的量子保密通信网络奠定了坚实的科学和技术基础，至此，"墨子号"量子卫星提前、圆满地完成了预先设定的全部三大科学目标。2017 年 9 月 29 日，世界首条量子保密通信干线"京沪干线"与"墨子号"科学实验卫星进行天地链路，我国科学家成功实现了洲际量子保密通信。这标志着我国在全球已构建出首个天地一体化广域量子通信网络雏形，为未来实现覆盖全球的量子保密通信网络迈出了坚实的一步。

2018 年 1 月，在中国和奥地利之间首次实现距离达 7600 公里的洲际量子密钥分发，并利用共享密钥实现加密数据传输和视频通信。该成果标志着"墨子号"已具备实现洲际量子保密通信的能力。2020 年 6 月 15 日，中国科学院宣布，"墨子号"量子科学实验卫星在国际上首次实现千公里级基于纠缠的量子密钥分发。该实验成果不仅将以往地面无中继量子密钥分发的空间距离提高了一个数量级，并且通过物理原理确保了即使在卫星被他方控制的极端情况下依然能实现安全的量子密钥分发。

47. 人民币正式加入 SDR

2016 年 10 月 1 日人民币正式加入国际货币基金组织（IMF）特别提款权（SDR）货币篮子。特别提款权货币篮子是个包含了两个经济术语："特别提款权"由 IMF 于 1969 年创造，是一种用于补充 IMF 成员国官方储备的国际储备资产；"货币篮子"指作为设定汇率参考的一个各国货币组合，是由多种货币按一定比重所构成的一组货币，这个组合好比一个盛放各种货币的"篮子"，其中某一种货币在组合中所占的比重通常以该货币在本国国际贸易中的重要性为基准。

SDR 在创立时曾与黄金直接挂钩，但在 1974 年 7 月，IMF 宣布 SDR 与黄金脱钩，改用 16 种货币组成的货币篮子作为定值标准。1980 年 9 月，IMF 又宣布将"货币篮子"中的货币简化为美元、德国马克、日元、法国法郎和英镑五种货币。1999 年欧元诞生之后，SDR 货币篮子简化为欧元、美元、英镑和日元四种货币，它们所占权重分别为 47.4%、31.9%、11.3% 和 9.4%。该货币篮子的价值由以上四种货币的当期汇率确定。截至 2015 年 5 月 31 日，所有成员国共拥有 SDR 总额为 2141 亿，其中美国拥有 421 亿 SDR，德国拥有 266 亿 SDR，英国拥有 207 亿 SDR，日本拥有 156 亿 SDR，中国拥有 95 亿 SDR。SDR 货币篮子每五年复审一次，以确保篮子中的货币是在国际交易中具有代表性的货币，并且确保货币构成如实反映所含货币在国际贸易和金融体系中的所占权重。

国际货币基金组织（IMF）2015 年 6 月 12 日称，该机构已经派出团队前往北京，开展人民币加入特别提款权货币篮子技术评估，即考察人民币成为"篮子"中第五种货币的可行性。

近年来人民币国际化取得很大进展。根据环球银行间金融通信协会（SWIFT）的数据，2014 年 12 月全球有 2.17%的支付以人民币结算，其比例首次超过加元和澳元成为第五大支付货币。美元、欧元、英镑和日元的比例分别为 44.64%、28.3%、7.92%和 2.69%。

加入货币篮子对人民币国际化具有战略意义。2008 年国际金融危机爆发以后，中国通过推动跨境贸易结算试点使用人民币，与多个经济体签署人民币主导的双边货币互换协议，使人民币具备了贸易支付、官方储备等更为重要的国际货币职能。人民币若加入货币篮子，有利于提升新兴市场国家在国际金融领域的话语权。这将改变美欧垄断的国际货币、金融领域格局，解决少数主权货币充当国际货币带来的难题，从而促进国际货币金融体系朝着公平、公正、包容、有序的方向发展。

48. 规范党内政治生活的新标准

中国共产党第十八届中央委员会第六次全体会议，于 2016 年 10 月 24 日至 27 日在北京举行。出席这次全会的有，中央委员 197 人，候补中央委员 151 人。中央纪律检查委员会委员和有关方面负责同志列席会议。党的十八大代表中部分基层同志和专家学者也列席会议。全会由中央政治局主持。中央委员会总书记习近平作了重要讲话。

全会听取和讨论了习近平受中央政治局委托作的工作报告，审议通过了《关于新形势下党内政治生活的若干准则》和《中国共产党党内监督条例》，审议通过了《关于召开党的第十九次全国代表大会的决议》。习近平就《准则（讨论稿）》和《条例（讨论稿）》向全会作了说明。

全会充分肯定党的十八届五中全会以来中央政治局的工作。一致认为，面对复杂的国际国内形势，中央政治局高举中国特色社会主义伟大旗帜，坚持以马克思列宁主义、毛泽东思想、邓小平理论、"三个代表"重要思想、科学发展观为指导，全面贯彻党的十八大和十八届三中、四中、五中全会精神，深入贯彻习近平总书记系列重要讲话精神和治国理政新理念新思想新战略，把握时代大势，回应实践要求，团结带领全党全国各族人民同心协力、苦干实干，统筹推进"五位一体"总体布局和协调推进"四个全面"战略布局，开展"两学一做"学习教育，推动全面深化改革、供给侧结构性改革、国防和军队改革迈出重大步伐，党和国家各项工作取得新的重大进展。全会高度评价全面从严治党取得的成就，认为党的十八大以来，以习近平同志为核心的党中央身体力行、率先垂范，坚定推进全面从严治党，坚持思想建党和制度治党紧密结合，集中整饬党风，严厉惩治腐败，净化党内政治生态，党内政治生活展现新气象，赢得了党心民心，为开创党和国家事业新局面提供了重要保证。全会总结了我们党开展党内政治生活的历史经验，分析了全面从严治党面临的形势和任务，认为办好中国的事情，关键在党，关键在党要管党、从严治党。党要管党必须从党内政治生活管起，从严治党必须从党内政治生活严起。为更好进行具有许多新的历史特点的伟大斗争、推进党的建设新的伟大工程、推进中国特色社会主义伟大事业，经受"四大考验"、克服"四种危险"，有必要制定一部新形势下党内政治生活的准则。

2016年11月2日，党的十八届六中全会审议通过的《关于新形势下党内政治生活的若干准则》正式发布。

准则稿分三大板块、12个部分：第一板块是序言，属于总论，阐述党内政治生活的重大作用和历史经验、存在的突出问题、面临的形势任务以及新形势下加强和规范党内政治生活的重要性紧迫性，提出加强和规范党内政治生活的目标要求。

第二板块是分论，是主体部分，围绕坚定理想信念、坚持党的基本路线、坚决维护党中央权威、严明党的政治纪律、保持党同人民群众的血肉联系、坚持民主集中制原则、发扬党内民主和保障党员权利、坚持正确选人用人导向、严格党的组织生活制度、开展批评和自我批评、加强对权力运行的制约和监督、保持清正廉洁的政治本色12个方面分别提出明确要求、作出具体规定。

第三板块是结束语，主要讲加强组织领导和督促检查、高级干部带头示范，确保各项任务落到实处。

49. 歼-20 首次公开亮相

2016 年 11 月 1 日，中国自主研制的新一代隐身战斗机歼-20 首次公开亮相参加中国珠海国际航展。歼-20（英文：Chengdu J-20，代号：威龙）是中航工业成都飞机设计研究所研制的一款具备高隐身性、高态势感知、高机动性等能力的隐形第五代制空战斗机。

歼-20 是中国自主研制的第五代战斗机，它的研制实现了既定的四大目标——打造跨代新机、引领技术发展、创新研发体系、建设卓越团队。打造跨代新机，是按照性能、技术和进度要求，研制开发中国自己的新一代隐身战斗机。引领技术发展，指通过自主创新实现强军兴军的目标。歼-20 在态势感知、信息对抗、协同作战等多方面取得了突破，这是中国航空工业从跟跑到并跑，再到领跑的必由之路。创新研发体系，是指建设最先进的飞机研制条件和研制流程。通过一大批大国重器的研制，建立了具有中国特色的数字化研发体系。建设卓越团队，是指通过型号研制，锤炼一支爱党爱国的研制队伍，这些拥有报国情怀、创新精神的优秀青年是航空事业未来发展的生力军。未来，中国在战斗机的机械化、信息化、智能化发展征程上不断前行。

中国空军正向全疆域作战的现代化战略性军种迈进，成为有效塑造态势、管控危机、遏制战争、打赢战争的重要力量。歼-20 战机列装空军作战部队，将进一步提升空军综合作战能力，有助于空军更好地肩负起维护国家主权、安全和领土完整的神圣使命。

2017 年 3 月 9 日，中央电视台报道歼-20 战斗机正式进入空军序列。2017年7月30日，歼-20三机编队参加在朱日和举行的庆祝中国人民解放军成立90周年阅兵。2018年2月9日，中国空军新闻发言人申进科大校发布消息，歼-20开始列装空军作战部队。2018年10月30日，中国空军4架歼-20隐形战斗机现身珠海金湾机场上空。2019年10月1日，歼-20现身庆祝中华人民共和国成立70周年阅兵式。2021年6月18日，中国空军发布消息，中国国产隐身战斗机歼-20，列装中国空军多支英雄部队。2021年8月9日，"西部·联合—2021"演习在宁夏某合同战术训练基地正式拉开帷幕。当天中方数架最先进的隐形战机歼-20亮相开幕式现场，这也是该型战机首次参与联合演习。2021年9月24日，中国空军公布歼-20列入第13届中国航展阵容。

50. 河长制："每条河流要有'河长'了"

2017 年的元旦，习近平总书记在新年贺词中发出"每条河流要有'河长'了"的号令。

早在 2003 年，浙江省长兴县在全国率先实行河长制。2016 年 10 月 11 日习近平总书记主持召开中央全面深化改革领导小组第二十八次会议并发表重要讲话。会议审议通过了《关于全面推行河长制的意见》。会议强调，保护江河湖泊，事关人民群众福祉，事关中华民族长远发展。全面推行河长制，目的是贯彻新发展理念，以保护水资源、防治水污染、改善水环境、修复水生态为主要任务，构建责任明确、协调有序、监管严格、保护有力的河湖管理保护机制，为维护河湖健康生命、实现河湖功能永续利用提供制度保障。要加强对河长的绩效考核和责任追究，对造成生态环境损害的，严格按照有关规定追究责任。

河长制，即由中国各级党政主要负责人担任"河长"，负责组织领导相应河湖的管理和保护工作。"河长制"工作的主要任务包括六个方面：一是加强水资源保护，全面落实最严格水资源管理制度，严守"三条红线"；二是加强河湖水域岸线管理保护，严格水域、岸线等水生态空间管控，严禁侵占河道、围垦湖泊；三是加强水污染防治，统筹水上、岸上污染治理，排查入河湖污染源，优化入河排污口布局；四是加强水环境治理，保障饮用水水源安全，加大黑臭水体治理力度，实现河湖环境整洁优美、水清岸绿；五是加强水生态修复，依法划定河湖管理范围，强化山水林田湖系统治理；六是加强执法监管，严厉打击涉河湖违法行为。2016 年 12 月，中共中央办公厅、国务院办公厅印发了《关于全面推行河长制的意见》，并发出通知，要求各地区各部门结合实际认真贯彻落实。"河长制"是从河流水质改善领导督办制、环保问责制所衍生出来的水污染治理制度，通过河长制，让本来无人愿管、被肆意污染的河流，变成悬在"河长"们头上的达摩克利斯之剑。

2017 年 12 月 26 日，印发《关于在湖泊实施湖长制的指导意见》。2018 年 6 月、12 月，河长制、湖长制全面建立。

51.天舟一号：第一艘货运飞船

天舟一号，代号"TZ"，为中国自主研制的第一艘货运飞船，是向天宫二号进行货物运输的地面后勤保障系统，也是中国载人航天工程"三步走"战略计划中"第二步"的收官之作。天舟一号于2017年4月20日发射，进入预定轨道；于2017年4月22日与天宫二号完成首次对接；于2017年9月22日完成任务，进入大气层烧毁。天舟一号宣告了中国航天迈进"空间站时代"，对于实现不懈追求的航天梦具有十分深远的意义

2011年4月25日，"腾讯杯中国载人空间站名称征集活动"发布暨启动仪式在人民大会堂隆重举行，对中国货运飞船进行命名征集工作。2011年10月31日，货运飞船名称确定为"天舟一号"。2015年3月6日，中国全国政协委员、中国载人航天工程总设计师周建平发言表示，计划在天宫二号发射后，将发射天舟一号货运飞船，为天宫二号补给物资。2017年1月12日，天舟一号货运飞船出厂评审会召开，天舟一号通过出厂评审工作。2017年2月5日，天舟一号按流程完成出厂前研制工作，并从天津港启程运送。

天舟一号飞行计划是：天舟一号通过长征七号发射入轨，通过两天的时间与天宫二号空间实验室进行交会对接，形成组合体，进行两个月的在轨飞行，完成各项任务。天舟一号撤离天宫二号，从另一侧与天宫二号进行对接，完成绕飞实验。组合体再次分离，独立飞行三个月，完成搭载的空间科学实验。与天宫二号进行最后一次对接，验证自主快速交会对接技术。天舟一号完成空间实验室阶段任务及后续

拓展试验后，在地面遥测指令的控制下，轨道高度不断下降受控离轨，进入大气层烧毁，陨落至预定安全海域。

天舟一号任务内容是：补给空间站的推进剂消耗，空气泄漏，运送空间站维修和更换设备，延长空间站的在轨飞行寿命；运送航天员工作和生活用品，保障空间站航天员在轨中长期驻留和工作；运送空间科学实验设备和用品，支持和保障空间站具备开展较大规模空间科学实验与应用的条件。

天舟一号任务目标是：与空间实验室配合，验证推进剂在轨补加技术；全面考核货运飞船功能和性能；在空间实验室配合下，开展货运飞船控制组合体、绕飞至前向交会对接、快速交会对接等试验；开展空间应用及技术试（实）验。

天舟一号货运飞船与天宫二号空间实验室成功完成首次推进剂在轨补加试验，标志天舟一号飞行任务取得圆满成功，突破和掌握推进剂在轨补加技术，填补了中国航天领域的空白，实现了空间推进领域的一次重大技术跨越，为中国空间站组装建造和长期运营扫清了能源供给上的障碍，使中国成为世界上第三个独立掌握这一关键技术的国家。

52. 中国的大飞机飞上蓝天：C919

C919，全称 COMAC919，COMAC 是 C919 的主制造商中国商飞公司的英文名称简写，"C"既是"COMAC"的第一个字母，也是中国的英文名称"CHINA"的第一个字母，体现了大型客机是国家的意志、人民的期望。C919 飞机是我国首款完全按照国际先进适航标准研制的单通道大型干线客机，具有我国完全的自主知识产权。最大航程超过 5500 公里，性能与国际新一代的主流单通道客机相当。于 2017 年 5 月 5 日成功首飞。

大飞机重大专项是党中央、国务院建设创新型国家，提高我国自主创新能力和增强国家核心竞争力的重大战略决策，是《国家中长期科学与技术发展规划纲要（2006—2020)》确定的 16 个重大专项之一。让中国的大飞机飞上蓝天，是国家的意志，人民的意志。2007 年 2 月 26 日，国务院召开第 170 次常务会议，原则通过了《大型飞机方案论证报告》，原则批准大型飞机研制重大科技专项正式立项。8 月 30 日，中央政治局召开第 192 次常委会，听取并同意国务院大型飞机重大专项领导小组《关于大型飞机重大专项有关情况的汇报》，决定成立大型客机项目筹备组。2009 年 1 月 6 日，中国商飞公司正式发布首个单通道常规布局 150 座级大型客机机型代号"COMAC919"，简称"C919"。12 月 21 日，中国商飞公司与 CFM公司在北京正式签署 C919 大型客机动力装置战略合作意向书，选定 CFM 公司研发的 LEAP—X1C 发动机作为 C919 大型客机的启动动力装置。12 月 25 日，C919 大型客机机头工程样机主体结构在上海正式交付。随后，相关工作不断取得新进展。

进入新时代，C919 相关工作大踏步前进。2016 年 4 月 11 日，C919 客机全机静力试验正式启动。6 月，C919 水平尾翼智能装配线建设名列工信部智能制造拟入选项目。11 月，东方航空成为 C919 飞机全球首家用户。12 月 25 日，C919 飞机首架机交付试飞中心。2017 年 5 月 5 日成功首飞后，更是飞速发展。2019 年 7 月 26 日，C919 大型客机 103 架机顺利转场西安阎良，开启新阶段试验试飞任务。2020 年 2 月 23 日，C919 大型客机 106 架机转场东营试飞。3 月，C919 大型客机在山东东营完成了飞行推力确定试飞。2021 年 1 月，在经历了 20 天的测试后，C919 大型客机高寒试验试飞专项任务取得圆满成功。2022 年，首个国产大飞机 C919 正式交付。

从 1970 年我国自主研制的"运十"飞机立项，到 C919 成功首飞，再到 2022 年交付，中国人的"大飞机梦"穿越了 50 多个春秋。它不仅标志着中国航空工业取得重大历史突破，也是中国创新驱动发展战略的重大时代成果。

53. 港珠澳大桥：一座圆梦桥

港珠澳大桥（Hong Kong–Zhuhai–Macao Bridge）于 2017 年 7 月 7 日实现主体工程全线贯通，它是中国境内一座连接香港、广东珠海和澳门的桥隧工程，位于中国广东省珠江口伶仃洋海域内，为珠江三角洲地区环线高速公路南环段。

港珠澳大桥于 2009 年 12 月 15 日动工建设，2017 年 7 月 7 日实现主体工程全线贯通，2018 年 2 月 6 日完成主体工程验收，10 月 24 日上午 9 时开通运营。港珠澳大桥东起香港国际机场附近的香港口岸人工岛，向西横跨南海伶仃洋水域接珠海和澳门人工岛，止于珠海洪湾立交；桥隧全长 55 千米，其中主桥 29.6 千米、香港口岸至珠澳口岸 41.6 千米；桥面为双向六车道高速公路，设计速度 100 千米 / 小时；工程项目总投资额 1269 亿元。港珠澳大桥因其超大的建筑规模、空前的施工难度和顶尖的建造技术而闻名世界，获 2019 年度中国建设工程鲁班奖（国家优质工程）；大桥项目总设计师是孟凡超，总工程师是苏权科，岛隧工程项目总经理、总工程师是林鸣。

2018 年 12 月 1 日起，首批粤澳非营运小汽车可免加签通行港珠澳大桥跨境段。2020 年 1 月 24 日至 25 日，中央广播电视总台春节联欢晚会在港珠澳大桥白海豚岛设分会场。2020 年 2 月 16 日，港珠澳大桥管理局公布，港珠澳大桥由 17 日起，所有通行车辆免收通行费，直至新型冠状病毒肺炎疫情防控工作结束，具体截止日期将另行公布。4 月 5 日起，香港、澳门调整港珠澳大桥各自口岸通关服务时间。8 月 16 日，港珠澳大桥口岸珠澳货运通道正式启用。

港珠澳大桥建成通车，极大缩短香港、珠海和澳门三地间的时空距离；作为中国从桥梁大国走向桥梁强国的里程碑之作，该桥被业界誉为桥梁界的"珠穆朗玛峰"，被英媒《卫报》称为"现代世界七大奇迹"之一；不仅代表了中国桥梁先进水平，更是中国国家综合国力的体现。建设港珠澳大桥是中国中央政府支持香港、澳门和珠三角地区城市快速发展的一项重大举措，是"一国两制"下粤港澳密切合作的重大成果。

习近平总书记指出，港珠澳大桥是国家工程、国之重器，其建设创下多项世界之最，非常了不起，体现了一个国家逢山开路、遇水架桥的奋斗精神，体现了我国综合国力、自主创新能力，体现了勇创世界一流的民族志气。这是一座圆梦桥、同心桥、自信桥、复兴桥。大桥建成通车，进一步坚定了我们对中国特色社会主义的道路自信、理论自信、制度自信、文化自信，充分说明社会主义是干出来的，新时代也是干出来的！

54. 香港回归二十周年

《七子之歌》是近代爱国主义诗人闻一多于 1925 年 3 月在美国留学期间创作的组诗作品。诗人在这一组诗作品里用拟人化的手法，把中国的澳门、香港、台湾、威海卫、广州湾、九龙岛、旅顺和大连等七个被割让、租借的地方，比作祖国母亲被夺走的七个孩子，让他们来倾诉"失养于祖国、受虐于异类"的悲哀之情，"以抒其孤苦亡告，眷怀祖国之哀忱"，从而让民众从漠然中警醒，振兴中华，收复失地。全诗整体构架均齐、各节匀称、富于建筑美，韵律回旋起伏、一唱三叹、饶有深致。

"中华七子"命运的历史性转折发生在 1949 年金秋的北京。在这块曾被八国联军烧杀掳掠的土地上，毛泽东向世界庄严宣告：中国人民从此站起来了！中华人民共和国成立后，宣布废除一切不平等条约，彻底结束了中国近代史上一幕幕惨痛的悲剧。

1982 年 9 月，邓小平在会见撒切尔夫人时明确表示，1997 年中国将收回香港。

1997 年 7 月 1 日零时，湾仔会展中心新翼五楼大会堂。雄壮激昂的国歌声中，鲜艳的五星红旗与紫荆花区旗，相伴冉冉升起。这是一个庄严的宣示：中华人民共和国恢复对香港行使主权，香港特别行政区正式成立。2017 年 7 月 1 日，庆祝香港回归祖国 20 周年大会暨香港特别行政区第五届政府就职典礼在香港会展中心隆重举行。中共中央总书记、国家主席、中央军委主席习近平出席并发表重要讲话。

回归祖国 20 年来，在中央的真诚关心和内地的大力支持下，香港特区政府带领全体香港民众，勠力同心，奋发有为，谱写出动人的发展乐章。习近平总书记强调，香港的命运从来同祖国紧密相连。近代以后，由于封建统治腐败、国力衰弱，中华民族陷入深重苦难。只有当中国共产党领导中国人民经过艰苦卓绝的奋斗赢得民族独立和解放、建立新中国之后，中国人民才真正站立起来，并探索开辟出一条中国特色社会主义光明道路。在改革开放的历史条件和时代背景下，邓小平先生提出了"一国两制"伟大构想，并以此为指引，通过同英国的外交谈判，顺利解决了历史遗留的香港问题。香港回到祖国的怀抱，洗刷了民族百年耻辱，完成了实现祖国完全统一的重要一步。香港回归祖国是彪炳中华民族史册的千秋功业，香港从此走上同祖国共同发展、永不分离的宽广道路。

习近平总书记强调，"一国两制"是中国的一个伟大创举，是中国为国际社会解决类似问题提供的一个新思路新方案，是中华民族为世界和平与发展作出的新贡献，凝结了海纳百川、有容乃大的中国智慧。坚持"一国两制"方针，深入推进"一国两制"实践，符合香港居民利益，符合香港繁荣稳定实际需要，符合国家根本利益，符合全国人民共同意愿。中央贯彻"一国两制"方针坚持两点，一是坚定不移，不会变、不动摇；二是全面准确，确保"一国两制"在香港的实践不走样、不变形，始终沿着正确方向前进。

林郑月娥在致辞中表示，将准确全面履行行政长官的责任，竭尽所能，坚定承担"一国两制"执行者、基本法维护者、法治捍卫者及中央和香港特别行政区关系发展的促进者，无畏无惧依法处理任何冲击国家主权、安全、发展利益的行为，确保"一国两制"在香港全面贯彻执行。本届政府将更积极进取，担当"促成者"和"推广者"角色，巩固及提升香港的传统优势产业，大力推动创新科技和创意产业，为经济注入多元动力，创造更多优质就业机会。她强调，未来五年，将带领管治团队，以具体工作和扎实政绩，答谢市民和中央政府的信任和支持。

55. 粤港澳大湾区

推进粤港澳大湾区建设，是以习近平同志为核心的党中央作出的重大决策，是习近平总书记亲自谋划、亲自部署、亲自推动的国家战略。

2017年7月1日，《深化粤港澳合作推进大湾区建设框架协议》在香港签署，国家主席习近平出席签署仪式。在习近平见证下，香港特别行政区行政长官林郑月娥、澳门特别行政区行政长官崔世安、国家发展和改革委员会主任何立峰、广东省省长马兴瑞共同签署了《深化粤港澳合作推进大湾区建设框架协议》。

粤港澳大湾区包括香港特别行政区、澳门特别行政区和广东省广州市、深圳市、珠海市、佛山市、惠州市、东莞市、中山市、江门市、肇庆市（以下简称珠三角九市），总面积5.6万平方公里，是中国开放程度最高、经济活力最强的区域之一，在国家发展大局中具有重要战略地位。建设粤港澳大湾区，既是新时代推动形成全面开放新格局的新尝试，也是推动"一国两制"事业发展的新实践。

早在2009年完成的《大珠三角城镇群协调发展规划研究》中就把"湾区发展计划"列为空间总体布局协调计划的一环，并提出四项跟进工作，即跨界交通合作、跨界地区合作、生态环境保护合作和协调机制建设。2010年粤港澳三地政府联合制定《环珠三角宜居湾区建设重点行动计划》，以落实上述跨界地区合作。广东省2016年政府工作报告，也包括"开展珠三角城市升级行动，联手港澳打造粤港澳大湾区"等内容。2017年3月5日召开的十二届全国人大五次会议上，国务院总理李克强在政府工作报告中提出，要推动内地与港澳深化合作，研究制定粤港澳大湾区城市群发展规划，发挥港澳独特优势，提升在国家经济发展和对外开放中的地位与功能。

2018年3月7日，习近平总书记在参加广东代表团审议时指出，要抓住建设粤港澳大湾区重大机遇，携手港澳加快推进相关工作，打造国际一流湾区和世界级城市群；同月，国家发展改革委主任何立峰表示，粤港澳大湾区发展规划纲要的编制工作已基本完成，下一步将加快编制产业发展、交通、生态环境等方面的专项规划。广东省发改委主任何宁卡在2018年广东省两会期间透露，广东正在配合国家发改委组织编制粤港澳大湾区国际科技创新中心实施方案，推进南沙、前海、横琴以及江门大广海湾经济区、中山澳门开发粤澳全面合作示范区等重要的粤港澳合作平台建设。

从地区上看，港澳因素以及粤港澳的合作对于广东的改革开放与经济发展具有全局意义。过去的发展经验表明，它是撬动广东开放和改革的一个杠杆，也是加快经济发展的助推器。在经济发展新阶段的今天，它可以成为推进广东改革开放的一个支点，促进广东发展方式转变的契机。粤港澳合作不是新概念，大湾区城市群的提出，应该说是包括港澳在内的珠三角城市融合发展的升级版，从过去三十多年前店后厂的经贸格局，升级成为先进制造业和现代服务业有机融合最重要的示范区；从区域经济合作，上升到全方位对外开放的国家战略；这为粤港澳城市群未来的发展带来了新机遇，也赋予了新使命。

国家"十四五"规划纲要：加强粤港澳产学研协同发展，完善广深港、广珠澳科技创新走廊和深港河套、粤澳横琴科技创新极点"两廊两点"架构体系，推进综合性国家科学中心建设。粤港澳大湾区与美国纽约湾区、旧金山湾区、日本东京湾区并称为世界四大湾区。截至2020年底，粤港澳大湾区常住人口约7000万，经济总量达11.5万亿人民币。

56. 朱日和阅兵

　　1927 年 8 月 1 日，南昌城头一声枪响，一支新型的人民军队登上历史舞台。两万多名颈扎红领巾的起义部队，对城内反动武装发起进攻。经过近 5 个小时激战，全歼守敌，占领了南昌城。1927 年 9 月，在紧接着南昌起义举行的秋收起义中，工农革命军首次公开打出中国共产党的革命旗帜。90 年浴血荣光，90 年红旗漫卷。在中国共产党的坚强领导下，人民军队不断从胜利走向胜利，为民族独立和人民解放，为国家富强和人民幸福建立了彪炳史册的卓著功勋。

　　在重大纪念日组织阅兵活动是世界许多国家通行的做法。新中国成立以来，我国先后举行了多次国庆首都阅兵，2015 年 9 月 3 日还首次举行了以纪念抗战胜利为主题的阅兵活动。2017 年是中国人民解放军建军 90 周年，我军首次组织以庆祝建军节为主题的专项阅兵，是对阅兵活动的进一步制度化、规范化。

　　庆祝中国人民解放军建军 90 周年阅兵，2017 年 7 月 30 日上午 9 时在朱日和训练基地举行，是庆祝中国人民解放军建军的重要纪念活动之一。这是习主席首次在野战化条件下亲临沙场检阅部队，是我军首次以庆祝建军节为主题举行的专项阅兵，也是我军革命性整体性改革重塑后的全新亮相。

　　中共中央总书记、国家主席、中央军委主席习近平检阅部队并发表重要讲话。接受检阅的共有 12000 名官兵、600 余台（套）装备，将组成 1 个护旗方队、27 个地面方队和 9 个人员方队；陆海空三军航空兵 100 多架战机编成 1 个纪念标识梯队、1 个空中突击梯队和 6 个空中梯队，从东北、华北 6 个机场起飞。

　　这次阅兵以回顾建军历史、传承红色基因、坚定维护核心、彰显辉煌成就为主题，主要是大力宣扬党领导下人民军队建设发展的光辉历程，宣扬人民军队积淀形成的光荣传统和优良作风，宣扬党的十八大以来军队以强军目标为引领聚焦打赢的矢志追求，反映深化国防和军队改革、部队战斗力建设取得的巨大成就，充分体现全军将士对以习近平同志为核心的党中央的坚决拥护和忠诚爱戴，展示全军部队新形势下勠力强军兴军的崭新风貌，激励全党全军全国各族人民不忘初心、继续前进，凝聚实现中国梦强军梦的磅礴力量，为党的十九大胜利召开营造良好氛围。

57. 党的十九大

历史新起点，气象再更新。中国共产党第十九次全国代表大会于 2017 年 10 月 18 日至 10 月 24 日在北京召开。

2017 年 10 月 18 日上午 9：00，中国共产党第十九次全国代表大会在人民大会堂开幕。习近平总书记代表第十八届中央委员会向大会作了题为《决胜全面建成小康社会夺取新时代中国特色社会主义伟大胜利》的报告。报告分 13 个部分：一、过去五年的工作和历史性变革；二、新时代中国共产党的历史使命；三、新时代中国特色社会主义思想和基本方略；四、决胜全面建成小康社会，开启全面建设社会主义现代化国家新征程；五、贯彻新发展理念，建设现代化经济体系；六、健全人民当家作主制度体系，发展社会主义民主政治；七、坚定文化自信，推动社会主义文化繁荣兴盛；八、提高保障和改善民生水平，加强和创新社会治理；九、加快生态文明体制改革，建设美丽中国；十、坚持走中国特色强军之路，全面推进国防和军队现代化；十一、坚持"一国两制"，推进祖国统一；十二、坚持和平发展道路，推动构建人类命运共同体；十三、坚定不移全面从严治党，不断提高党的执政能力和领导水平。

这次大会的主题是：不忘初心，牢记使命，高举中国特色社会主义伟大旗帜，决胜全面建成小康社会，夺取新时代中国特色社会主义伟大胜利，为实现中华民族伟大复兴的中国梦不懈奋斗。

党的十九大，是在全面建成小康社会决胜阶段、中国特色社会主义发展关键时期召开的一次十分重要的大会。承担着谋划决胜全面建成小康社会、深入推进社会主义现代化建设的重大任务，事关党和国家事业继往开来，事关中国特色社会主义前途命运，事关最广大人民根本利益。

2017 年 10 月 24 日，中国共产党第十九次全国代表大会在选举产生新一届中央委员会和中央纪律检查委员会，通过关于十八届中央委员会报告的决议、关于十八届中央纪律检查委员会工作报告的决议、关于《中国共产党章程（修正案)》的决议后，在人民大会堂胜利闭幕。

58. 两颗中圆地球轨道卫星

2017 年 11 月 5 日 19 时 45 分，我国在西昌卫星发射中心用长征三号乙运载火箭，以"一箭双星"方式成功发射第二十四、二十五颗北斗导航卫星。这两颗卫星属于中圆地球轨道卫星，是我国北斗三号第一、二颗组网卫星，开启了北斗卫星导航系统全球组网的新时代。

20 世纪 90 年代，在海湾战争中，装载 GPS 的精确打击武器首次大规模使用，作战效能令全球震惊，显示出卫星导航系统对一个国家的重要意义。1994 年，在国家经济实力、技术基础仍非常薄弱的情况下，党中央、国务院和中央军委毅然决定启动北斗一号工程，进行卫星导航试验探索。彼时，美国 GPS、俄罗斯格洛纳斯各发射了 20 多颗卫星，已完成了全球组网。

放眼星空，最适合卫星导航的黄金频段已被美俄全部占用。我国与同时希望建设自己卫星导航系统的欧盟，推动国际电联从航空导航频段中，最大限度地挤出一小段频率，提供卫星导航共同使用。这一小段频率，是建设一个全球导航系统最基本的频率需求，各国均可平等申请。2000 年 4 月 17 日，北斗和伽利略系统同时成功申报。按照国际电联规则，必须在 7 年有效期内成功发射导航卫星。

2005 年，欧盟发射了首颗伽利略导航卫星。此时，距北斗申请使用的频段有效期只剩不到 3 年时间，如果不能在此期限内成功发射一颗导航卫星，频段就只能花落别家。但首颗北斗导航卫星还在研制中。集中力量办大事的制度优势再次凸显。在全社会相关行业、领域、单位、人员的通力协作下，北斗人背水一战，倒排工期，硬是将原定 2007 年底发射的首颗卫星，调整到 2007 年 2 月底，提前完成全部研制工作。2007 年 4 月初，首颗北斗导航卫星终于如期矗立在发射塔架上。同年 4 月 14 日 4 时 11 分，这颗肩负着重要使命的卫星，从西昌卫星发射中心发射升空，成功进入预定轨道。两天后的 16 日 20 时许，北京终于清晰接收到来自这颗卫星的信号。之后，我们继续努力。

第二十四、二十五颗北斗导航卫星入轨后，经测试及入网验证，可对外提供服务。此次北斗三号全球组网卫星首次发射，将稳步推动北斗三号系统建设，加快北斗系统尽早服务全球，造福全人类。北斗三号卫星将增加性能更优的互操作信号，在进一步提高基本导航服务能力基础上，按照国际标准提供星基增强服务及搜索救援服务。同时，还将采用更高性能的铷原子钟和氢原子钟。北斗三号在北斗二号性能的基础上，将进一步提升 1 至 2 倍的定位精度，达到 2.5 米—5 米的水平。

从 2009 年北斗三号工程正式启动建设。在各大系统和众多参研参试单位共同努力下，我国全面突破系统核心关键技术，完成地面验证，卫星状态基本固化。从此次任务起，我国迎来新一轮北斗组网卫星高密度发射。到 2018 年底前后，完成发射 18 颗北斗三号组网卫星，覆盖"一带一路"沿线国家；到 2020 年 6 月 23 日北斗三号最后一颗全球组网卫星完成部署，实现全球服务能力。

59. 中国共产党与世界政党高层对话会

中国共产党与世界政党高层对话会于 2017 年 11 月 30 日至 12 月 3 日在北京举行。此次对话会吸引了 120 多个国家的近 300 个政党和政治组织领导人与会。高层对话会的主题为"构建人类命运共同体、共同建设美好世界：政党的责任"。

高层对话会开幕式刚一结束，法国前总理拉法兰从座位上站起身，拿出一本书，邀请习近平总书记现场签名留念。这本书就是《习近平谈治国理政》第二卷。2015 年，《习近平谈治国理政》刚出版不久，拉法兰也曾邀请总书记在书上签名。他说："这本书谈中国、论世界，为国际社会更加全面了解中国、更加客观地看待中国、更加理性地读懂中国，开启了一扇重要窗口。"

中共中央总书记、国家主席习近平出席了中国共产党与世界政党高层对话会开幕式，并发表题为《携手建设更加美好的世界》的主旨讲话，强调政党要顺应时代发展潮流、把握人类进步大势、顺应人民共同期待，志存高远、敢于担当，自觉担负起时代使命。中国共产党将一如既往为世界和平安宁、共同发展、文明交流互鉴作贡献。

习近平指出，中共十九大规划了中国从现在到本世纪中叶的发展蓝图，宣示了中方愿同各方推动构建人类命运共同体的真诚愿望。政党在国家政治生活中发挥着重要作用，也是推动人类文明进步的重要力量。年终岁末，来自世界各国近 300 个政党和政治组织的领导人齐聚北京，共商合作大计，充分体现了大家对人类发展和世界前途的关心。

习近平指出，今天人类生活的关联前所未有，同时人类面临的全球性问题也前所未有。世界各国人民前途命运越来越紧密地联系在一起。世界各国人民应该秉持"天下一家"理念，彼此理解、求同存异，共同为构建人类命运共同体而努力。我提出"一带一路"倡议，就是要践行人类命运共同体理念。4年来，共建"一带一路"已成为有关各国实现共同发展的巨大合作平台。

习近平强调，我们要努力建设一个远离恐惧、普遍安全的世界，坚持共同、综合、合作、可持续的新安全观，营造公平正义、共建共享的安全格局；我们要努力建设一个远离贫困、共同繁荣的世界，坚持你好我好大家好的理念，让发展成果惠及世界各国，让人人享有富足安康；我们要努力建设一个远离封闭、开放包容的世界，坚持世界是丰富多彩的、文明是多样的理念，让各种文明和谐共存；我们要努力建设一个山清水秀、清洁美丽的世界，坚持人与自然共生共存的理念，共同营造和谐宜居的人类家园。当前，世界格局在变，发展格局在变，各个政党都要顺应时代发展潮流，把自身发展同国家、民族、人类的发展紧密结合在一起。不同国家的政党应该增进互信、加强沟通、密切协作，探索在新型国际关系的基础上建立求同存异、相互尊重、互学互鉴的新型政党关系，搭建多种形式、多种层次的国际政党交流合作网络，汇聚构建人类命运共同体的强大力量。

习近平指出，中国共产党是为中国人民谋幸福的党，也是为人类进步事业而奋斗的党。我们要把自己的事情做好，这本身就是对构建人类命运共同体的贡献。我们也要通过推动中国发展给世界创造更多机遇。我们不"输入"外国模式，也不"输出"中国模式，不会要求别国"复制"中国的做法。

习近平强调，面向未来，中国共产党愿同世界各国政党加强往来，分享治党治国经验，开展文明交流对话，增进彼此战略信任，推动构建人类命运共同体，携手建设更加美好的世界。

60. 乡村振兴战略

农业农村农民问题是关系国计民生的根本性问题，必须始终把解决好"三农"问题作为全党工作重中之重，实施乡村振兴战略。

2017 年底，中央针对 2018 年"三农"工作连续作出重要部署。2017 年 12 月 28 日至 29 日，中央农村工作会议在北京举行。会议深入贯彻党的十九大精神、习近平新时代中国特色社会主义思想，全面分析"三农"工作面临的形势和任务，研究实施乡村振兴战略的重要政策，部署 2018 年和今后一个时期的农业农村工作。会议指出，实施乡村振兴战略，是我们党"三农"工作一系列方针政策的继承和发展，是中国特色社会主义进入新时代做好"三农"工作的总抓手。必须立足国情农情，切实增强责任感使命感紧迫感，举全党全国全社会之力，以更大的决心、更明确的目标、更有力的举措推动农业全面升级、农村全面进步、农民全面发展，谱写新时代乡村全面振兴新篇章。会议提出了实施乡村振兴战略的目标任务和基本原则。按照党的十九大提出的决胜全面建成小康社会、分两个阶段实现第二个百年奋斗目标的战略安排，明确实施乡村振兴战略的目标任务是，到 2020年，乡村振兴取得重要进展，制度框架和政策体系基本形成；到 2035年，乡村振兴取得决定性进展，农业农村现代化基本实现；到 2050年，乡村全面振兴，农业强、农村美、农民富全面实现。实施乡村振兴战略，要坚持党管农村工作，坚持农业农村优先发展，坚持农民主体地位，坚持乡村全面振兴，坚持城乡融合发展，坚持人与自然和谐共生，坚持因地制宜、循序渐进。会议指出，在中国特色社会主义新时代，乡村是一个可以大有作为的广阔天地，迎来了难得的发展机遇。实现农村振兴，我们有习近平总书记把舵定向，有党中央高度重视、坚强领导、科学决策，有全党全国全社会大力支持、积极参与，有社会主义的强大制度优势，有亿万农民的创造精神，有强大的经济实力支撑，有历史悠久的农耕文明，有旺盛的市场需求。我们必须按照党中央决策部署，坚定信心、咬定目标，苦干实干、久久为功，扎扎实实把乡村振兴战略向前推进。

2018 年 2 月 4 日，公布了 2018 年中央一号文件，即《中共中央国务院关于实施乡村振兴战略的意见》。2018 年 3 月 5 日，国务院总理李克强在作政府工作报告时说，大力实施乡村振兴战略。

61. "三个一以贯之"

2018 年 1 月 5 日，新进中央委员会的委员、候补委员和省部级主要领导干部学习贯彻习近平新时代中国特色社会主义思想和党的十九大精神研讨班在中央党校开班。中共中央总书记、国家主席、中央军委主席习近平在开班式上发表重要讲话。

习近平指出，建设好我们这样的大党，领导好我们这样的大国，中央委员会成员和省部级主要领导干部至关重要，必须提高政治站位、树立历史眼光、强化理论思维、增强大局观念、丰富知识素养、坚持问题导向，从历史和现实相贯通、国际和国内相关联、理论和实际相结合的宽广视角，对一些重大理论和实践问题进行思考和把握，做到坚持和发展中国特色社会主义要一以贯之，推进党的建设新的伟大工程要一以贯之，增强忧患意识、防范风险挑战要一以贯之，以时不我待、只争朝夕的精神投入工作，推动全党全国各族人民把思想统一到党的十九大精神上来，把力量凝聚到实现党的十九大确定的目标任务上来，不断开创新时代中国特色社会主义事业新局面。

习近平强调，把党的建设作为一项伟大工程来推进，是我们党的一大创举，是我们党领导人民进行伟大社会革命的重要法宝。必须看到，新时代党的建设任务是十分艰巨的。一方面，决胜全面建成小康社会的艰巨任务、实现中华民族伟大复兴的历史使命，对我们党提出了前所未有的新挑战新要求。另一方面，影响党的先进性、弱化党的纯洁性的各种因素具有很强的危险性和破坏性，党面临的执政考验、改革开放考验、市场经济考验、外部环境考验将是长期的、复杂的、党面临的精神懈怠危险、能力不足危险、脱离群众危险、消极腐败危险将是尖锐的、严峻的。这两方面的现实决定了新时代党的建设新的伟大工程，既要培元固本，也要开拓创新，既要把住关键重点，也要形成整体态势，特别是要发挥彻底的自我革命精神。

习近平指出，要把新时代坚持和发展中国特色社会主义这场伟大社会革命进行好，我们党必须勇于进行自我革命，把党建设得更加坚强有力。勇于自我革命，从严管党治党，是我们党最鲜明的品格，全面从严治党永远在路上。在统揽伟大斗争、伟大工程、伟大事业、伟大梦想中，起决定性作用的是新时代党的建设新的伟大工程。在新时代，我们党必须以党的自我革命来推动党领导人民进行的伟大社会革命，把党建设成为始终走在时代前列、人民衷心拥护、勇于自我革命、经得起各种风浪考验、朝气蓬勃的马克思主义执政党，这既是我们党领导人民进行伟大社会革命的客观要求，也是我们党作为马克思主义政党建设和发展的内在需要。

要把我们党建设好，必须抓住“关键少数”。中央委员会成员和省部级主要领导干部必须做到信念过硬，带头做共产主义远大理想和中国特色社会主义共同理想的坚定信仰者和忠实实践者；必须做到政治过硬，牢固树立“四个意识”，在思想政治上讲政治立场、政治方向、政治原则、政治道路，在行动实践上讲维护党中央权威、执行党的政治路线、严格遵守党的政治纪律和政治规矩；必须做到责任过硬，树立正确政绩观，发扬求真务实、真抓实干的作风，以钉钉子精神担当尽责，真正做到对历史和人民负责；必须做到能力过硬，不断掌握新知识、熟悉新领域、开拓新视野，全面提高领导能力和执政水平；必须做到作风过硬，把人民群众放在心中，广泛开展调查研究，在全心全意为人民服务中提升政治站位、提高工作能力，在真心实意向人民学习中拓展工作视野、丰富工作经验、提高理论联系实际的水平，在倾听人民呼声、虚心接受人民监督中自觉进行自我反省、自我批评、自我教育，在服务人民中不断完善自己，持之以恒克服形式主义、官僚主义，久久为功祛除享乐主义和奢靡之风。

习近平总书记的重要讲话，着眼于党和国家事业发展全局，贯通历史现实未来，关联国际和国内，结合理论与实际，以深邃的历史眼光、世界眼光、长远眼光，从时代背景、忧患意识、问题导向，深刻阐明了"三个一以贯之"重大观点，这既是对习近平新时代中国特色社会主义思想再次作了深入阐述，又是体现这一思想的新发展。"三个一以贯之"，深刻阐述了新时代中国特色社会主义的历史、理论、实践三个逻辑，都是关系党的大本大源问题，关系党的命脉问题；"两个伟大革命论"回答了历史之问、时代之问、世界之问，是对马克思主义革命论的继承和发展，是党的重大理论创新。为我们深入理解和贯彻党的十九大精神，深入理解和贯彻习近平新时代中国特色社会主义思想，深入理解和贯彻党中央推进全面从严治党的决策部署提供了根本遵循。

62. 扫黑除恶：一场整体战、歼灭战

扫黑除恶是指清除黑恶势力。黑社会作为和谐社会的一个巨大毒瘤，不仅给人民的生命财产安全带来了极大的危害，而且也影响到了整个社会的繁荣稳定，人们无不对它咬牙切齿、恨之入骨。各地开展扫黑除恶专项行动，给社会安宁。

《关于开展扫黑除恶专项斗争的通知》是中共中央、国务院于2018年1月发出的通知。自2018年1月开始，全国开展为期三年的扫黑除恶专项斗争。《通知》强调，在全国开展扫黑除恶专项斗争，是以习近平同志为核心的党中央作出的重大决策，事关社会大局稳定和国家长治久安，事关人心向背和基层政权巩固，事关进行伟大斗争、建设伟大工程、推进伟大事业、实现伟大梦想。各地区各部门要进一步提高政治站位，切实增强"四个意识"，充分认识开展扫黑除恶专项斗争的重大意义，切实把思想和行动统一到党中央部署上来，科学谋划、精心组织、周密实施，坚决打赢扫黑除恶专项斗争这场攻坚战。

《通知》明确了这次扫黑除恶专项斗争的总体要求、目标任务。《通知》指出，要全面贯彻党的十九大精神，以习近平新时代中国特色社会主义思想为指导，牢固树立以人民为中心的发展思想，针对当前涉黑涉恶问题新动向，切实把专项治理和系统治理、综合治理、依法治理、源头治理结合起来，把打击黑恶势力犯罪和反腐败、基层"拍蝇"结合起来，把扫黑除恶和加强基层组织建设结合起来，既有力打击震慑黑恶势力犯罪，形成压倒性态势，又有效铲除黑恶势力滋

生土壤，形成长效机制，不断增强人民获得感、幸福感、安全感，维护社会和谐稳定，巩固党的执政基础，为决胜全面建成小康社会、夺取新时代中国特色社会主义伟大胜利、实现中华民族伟大复兴的中国梦创造安全稳定的社会环境。

2021年3月29日，全国扫黑除恶专项斗争总结表彰大会在北京举行。中共中央总书记、国家主席、中央军委主席习近平亲切会见参加大会的受表彰、受嘉奖代表，向他们表示诚挚问候和热烈祝贺。在为期三年扫黑除恶专项斗争中，全国共打掉涉黑组织3644个，抓获犯罪嫌疑人23.7万人，黑恶犯罪得到根本遏制。三年来，各地各有关部门坚持以打击农村黑恶势力为重点，以"破案攻坚"开路、以"打伞破网"断根、以"打财断血"绝后、以"问题整改"提质、以"组织建设"强基，打了一场扫黑除恶整体战、歼灭战，取得了显著成效。

63. 新气象新作为

中国共产党第十九届中央纪律检查委员会第二次全体会议，于2018年1月11日至13日在北京举行，13日上午闭幕。

全会强调，2018年是贯彻党的十九大精神的开局之年，是改革开放40周年，是决胜全面建成小康社会、实施"十三五"规划承上启下的关键一年，做好纪检监察工作责任重大。要以习近平新时代中国特色社会主义思想为指导，贯彻落实党的十九大战略部署，不忘初心、牢记使命，增强"四个意识"，坚定"四个自信"，忠实履行党章和宪法赋予的职责，紧紧围绕坚持和加强党的全面领导，紧紧围绕维护习近平总书记在党中央和全党的核心地位，紧紧围绕维护党中央权威和集中统一领导，坚持党要管党、全面从严治党，坚持稳中求进工作总基调，监督检查党章执行和党的十九大精神贯彻落实情况，以党的政治建设为统领，全面推进党的各项建设，深化国家监察体制改革，持之以恒正风肃纪，深入推进反腐败斗争，营造风清气正的良好政治生态，强化自我监督、自觉接受监督，建设忠诚干净担当的纪检监察干部队伍，为决胜全面建成小康社会提供坚强保证。

中共中央总书记、国家主席、中央军委主席习近平11日上午在中国共产党第十九届中央纪律检查委员会第二次全体会议上发表重要讲话。他强调，在中国特色社会主义新时代，完成伟大事业必须靠党的领导，党一定要有新气象新作为。要全面贯彻党的十九大精神，重整行装再出发，以永远在路上的执着把全面从严治党引向深入，开创全面从严治党新局面。习近平指出，深入推进全面从严治党，要全面贯彻党的十九大精神，以新时代中国特色社会主义思想为指导，增强"四个意识"，坚定"四个自信"，紧紧围绕坚持和加强党的全面领导，紧紧围绕维护党中央权威和集中统一领导，全面推进党的政治建设、思想建设、组织建设、作风建设、纪律建设，把制度建设贯穿其中，深入推进反腐败斗争，在坚持中深化、在深化中发展，实现党内政治生态根本好转，不断增强党的创造力、凝聚力、战斗力，为决胜全面建成小康社会、全面建设社会主义现代化国家提供坚强保证。

64. 2018 年修改宪法

中国特色社会主义进入新时代，这是我国发展新的历史方位。根据新时代坚持和发展中国特色社会主义的新形势新任务，有必要对我国宪法作出适当的修改。中国共产党第十九届中央委员会第二次全体会议，于 2018 年 1 月 18 日至 19 日在北京举行。全会由中央政治局主持。中央委员会总书记习近平作了重要讲话。全会审议通过了《中共中央关于修改宪法部分内容的建议》。

全会一致认为，党的十九大和十九届一中全会以来，在以习近平同志为核心的党中央坚强领导下，全党全国把学习宣传贯彻党的十九大精神作为首要政治任务，深入开展多种形式的学习宣传活动，兴起了学习贯彻党的十九大精神、习近平新时代中国特色社会主义思想热潮，为贯彻落实党的十九大提出的各项战略决策和工作部署提供了强大精神动力，全党全国各族人民思想更加统一、信心更加坚定、行动更加有力，党和国家各项事业呈现欣欣向荣的发展局面。

全会认为，宪法是国家的根本法，是治国安邦的总章程，是党和人民意志的集中体现。现行宪法颁布以来，在改革开放和社会主义现代化建设的历史进程中、在我们党治国理政实践中发挥了十分重要的作用，有力坚持了中国共产党领导，有力保障了人民当家作主，有力促进了改革开放和社会主义现代化建设，有力推动了社会主义法治国家建设进程，有力维护了国家统一、民族团结、社会稳定。实践证明，我国现行宪法是符合国情、符合实际、符合时代发展要求的好宪法，是充分体现人民共同意志、充分保障人民民主权利、充分维护人民根本利益的好宪法，是推动国家发展进步、保证人民创造幸福生活、保障中华民族实现伟大复兴的好宪法，是我们国家和人民经受住各种困难和风险考验、始终沿着中国特色社会主义道路前进的根本法治保障。维护宪法尊严和权威，是维护国家法制统一、尊严、权威的前提，也是维护最广大人民根本利益、确保国家长治久安的重要保障。我国宪法必须随着党领导人民建设中国特色社会主义实践的发展而不断完善发展。这是我国宪法发展的一个显著特点，也是一条基本规律。从1954年我国第一部宪法诞生至今，我国宪法一直处在探索实践和不断完善过程中。1982年宪法公布施行后，根据我国改革开放和社会主义现代化建设的实践和发展，分别于1988年、1993年、1999年、2004年进行了4次修改。实践表明，我国宪法是同党团结带领人民进行的实践探索紧密联系在一起的，随着时代进步、党和人民事业发展而不断完善。

全会强调，宪法修改是国家政治生活中的一件大事，是党中央从新时代坚持和发展中国特色社会主义全局和战略高度作出的重大决策，也是推进全面依法治国、推进国家治理体系和治理能力现代化的重大举措。这次宪法修改的总体要求是，高举中国特色社会主义伟大旗帜，全面贯彻党的十九大精神，坚持以马克思列宁主义、毛泽东思想、邓小平理论、"三个代表"重要思想、科学发展观、习近平新时代中国特色社会主义思想为指导，坚持党的领导、人民当家作主、依法治国有机统一，把党的十九大确定的重大理论观点和重大方针政策特别是习近平新时代中国特色社会主义思想载入国家根本法，体现党和国家事业发展的新成就新经验新要求，在总体保持我国宪法连续性、稳定性、权威性的基础上推动宪法与时俱进、完善发展，为新时代坚持和发展中国特色社会主义、实现"两个一百年"奋斗目标和中华民族伟大复兴的中国梦提供有力宪法保障。

65."慧眼"遨游太空

2018 年 1 月 30 日，我国首颗 X 射线天文卫星"慧眼"正式交付，投入使用。"慧眼"卫星工程是研究黑洞、中子星等致密天体前沿问题的自主创新重大空间科学项目，由国防科工局、财政部批复立项研制，国家民用航天和中科院空间科学战略性先导专项共同支持。习近平主席在 2018 年新年贺词中提到，科技创新、重大工程建设捷报频传，"慧眼"卫星遨游太空。该星的投入使用使我国高能天文研究进入空间观测的新阶段，对提高我国在空间科学领域的国际地位和影响力具有重要意义。

"慧眼"于 2017 年 6 月 15 日在酒泉卫星发射中心成功发射。卫星在轨运行期间，圆满完成卫星平台、有效载荷、地面应用系统等测试任务。测试结果表明，卫星各项功能、性能符合工程研制总要求，具备投入使用条件。"慧眼"卫星应用我国科学家首创的直接解调成像方法，实现宽波段、高灵敏度、高空间分辨率 X 射线巡天、定点和小天区观测，在世界现有 X 射线天文卫星中，具有先进的暗弱变源巡天能力、独特的多波段快速光变观测能力等优势。卫星研制过程中，攻克了诸多设计难题，取得了 X 射线探测载荷一体化设计与实施、惯性空间任意姿态下对地测控与数传链路保障技术等多项技术突破，有力促进了新型元器件、特殊材料制备、载荷结构高精度加工等的发展。在轨测试期间，"慧眼"卫星开展了多个天区的扫描成像观测和对特定天体的定点观测，开展了伽马射线暴监测等应用测试，验证了卫星的各项功能和性能，取得了银道面扫描监测、黑洞及中子星双星观测、伽马射线暴、引力波电磁对应体探测、太阳耀发、特殊空间环境事件等初步科学成果。2017年10月16日，双中子星并合产生引力波（GW170817）联合观测成果全球发布，在该历史性事件的全球联测中，"慧眼"卫星对其高能电磁辐射对应体进行了监测，确定了伽马射线的流量上限。

66."风马牛一号":第一颗私人卫星

"风马牛一号"于 2018 年 2 月 2 日搭载长征二号丁火箭在酒泉发射。"风马牛一号"是全世界第一颗全景卫星,也是中国国内第一颗私人卫星。这颗卫星配备了 4K 高清全景摄像头,可以呈现 360 度太空高清照片。同时,它拥有可承载用户原创内容的数字空间,能与大众进行互动。卫星入轨后,将每天过境中国三次,实现与地球的实时传输。

"风马牛一号"是首次将卫星作为媒介,以承载内容为核心的一颗卫星。除了媒体的应用和探索,这颗卫星还将大力推广公益和航天教育,让卫星所产生的社会意义和价值最大化。作为首个媒介形式的卫星,"风马牛一号"离大众"既远又近"。通过科学技术,它跨越了时间和空间的障碍,为大众传来渺远太空的图像和声音。但它并没有拉开距离感、降低普通民众的参与度,而是作为新兴媒介、以新型内容激发起大众的互动兴趣。在卫星发射前,风马牛团队发起了关于梦想语音的征集,收集到的祝福将随卫星上天,绕地球旅行后回传到地面,仅这次活动就有上千人参与。

"风马牛一号"卫星独家开发一套用于卫星信号接收的硬件设备,并与国内顶尖的青少年航天教育机构合作,打造一系列基于卫星信号接收的课程与兴趣活动。其中,国学的代表读物《千字文》是本次航天教育活动的重点内容:"风马牛一号"将携带童声合唱版《千字文》进入太空,将中华五千年的文明记录在浩瀚的宇宙中。卫星进入轨道后,配合地面的接收设备,孩子及全球的无线电爱好者皆会听到从太空传来的朗朗《千字文》，而国学与航天的联动也将成为全球航天教育及卫星玩法的新范本。

"风马牛一号"卫星的成功离不开中国迅猛发展的民用航天技术，它也致力于公益活动和航天教育，激活大众、特别是少年儿童对航空航天事业的兴趣，让卫星所产生的社会意义和价值最大化。

67. 深化党和国家机构改革

深化党和国家机构改革，是新时代坚持和发展中国特色社会主义的必然要求，是加强党的长期执政能力建设的必然要求，是社会主义制度自我完善和发展的必然要求，是实现"两个一百年"奋斗目标、建设社会主义现代化国家、实现中华民族伟大复兴的必然要求。中国共产党第十九届中央委员会第三次全体会议，于 2018 年 2 月 26 日至 28 日在北京举行。

全会听取和讨论了习近平受中央政治局委托作的工作报告。全会审议通过了中央政治局在广泛征求党内外意见、反复酝酿协商的基础上提出的拟向十三届全国人大一次会议推荐的国家机构领导人员人选建议名单和拟向全国政协十三届一次会议推荐的全国政协领导人员人选建议名单，决定将这两个建议名单分别向十三届全国人大一次会议主席团和全国政协十三届一次会议主席团推荐。全会审议通过了《中共中央关于深化党和国家机构改革的决定》和《深化党和国家机构改革方案》，同意把《深化党和国家机构改革方案》的部分内容按照法定程序提交十三届全国人大一次会议审议。

全会充分肯定党的十九届一中全会以来中央政治局的工作。一致认为，面对复杂多变的国际形势、艰巨繁重的国内改革发展稳定任务，中央政治局全面贯彻党的十九大和十九届一中、二中全会精神，高举中国特色社会主义伟大旗帜，坚持以马克思列宁主义、毛泽东思想、邓小平理论、"三个代表"重要思想、科学发展观、习近平新时代中国特色社会主义思想为指导，不忘初心、牢记使命，全面加强党对一切工作的领导，坚持稳中求进工作总基调，勇于创新，扎实工作，统筹推进"五位一体"总体布局，协调推进"四个全面"战略布局，团结带领全党全国各族人民，坚定信心，凝心聚力，只争朝夕，真抓实干，着力全面深化改革、保持经济平稳健康发展，着力全面依法治国、推进中国特色社会主义法治体系建设，全力以赴打好防范化解重大风险、精准脱贫、污染防治的攻坚战，着力全面从严治党、切实转变工作作风，全面推进社会主义经济建设、政治建设、文化建设、社会建设、生态文明建设和党的建设，在决胜全面建成小康社会、开启全面建设社会主义现代化国家新征程上迈出新的步伐，推动党和国家各项事业取得新的成绩。

全会提出，深化党和国家机构改革是推进国家治理体系和治理能力现代化的一场深刻变革。党和国家机构职能体系是中国特色社会主义制度的重要组成部分，是我们党治国理政的重要保障。新中国成立后，在我们党领导下，我国确立了社会主义基本制度，逐步建立起具有我国特点的党和国家机构职能体系。在社会主义建设和改革开放过程中，我们党积极推进党和国家机构改革，各方面机构职能不断优化、逐步规范。党的十八大以来，以习近平同志为核心的党中央紧紧围绕完善和发展中国特色社会主义制度、推进国家治理体系和治理能力现代化这个总目标全面深化改革，加强党的领导，坚持问题导向，突出重点领域，深化党和国家机构改革，在一些重要领域和关键环节取得重大进展，为党和国家事业取得历史性成就、发生历史性变革提供了有力保障。全会强调，面对新时代新任务提出的新要求，党和国家机构设置和职能配置同统筹推进"五位一体"总体布局、协调推进"四个全面"战略布局的要求还不完全适应，同实现国家治理体系和治理能力现代化的要求还不完全适应。全党必须统一思想、坚定信心、抓住机遇，在全面深化改革进程中，下决心解决党和国家机构职能体系中存在的障碍和弊端，加快推进国家治理体系和治理能力现代化，更好发挥我国社会主义制度优越性。

党的十九届三中全会审议通过的《中共中央关于深化党和国家机构改革的决定》和《深化党和国家机构改革方案》，是以习近平同志为核心的党中央站在党和国家事业发展全局，适应新时代中国特色社会主义发展要求作出的重大决策部署，是着眼实现全面深化改革总目标的重大制度安排，是推进国家治理体系和治理能力现代化的一场深刻变革，对于提高党的执政能力和领导水平，广泛调动各方面积极性、主动性、创造性，有效治理国家和社会，推动党和国家事业发展，都具有重大意义，也必将发挥重要作用。

68."数字中国建设峰会"

"数字中国建设峰会"是中国信息化发展政策发布平台、电子政务和数字经济发展成果展示平台、数字中国建设理论经验和实践交流平台。

2000年，习近平同志在福建工作期间，极具前瞻性、创造性地作出了建设"数字福建"的战略决策，提出了"数字化、网络化、可视化、智慧化"的历届峰会数字福建建设目标，开创了数字省域建设的先河。信息技术革命日新月异，数字经济发展浪潮奔涌。党的十八大以来，以习近平同志为核心的党中央放眼未来、顺应大势，作出建设数字中国的战略决策。随着数字中国建设的深入实践，数字技术正引领和推动着经济发展、社会治理、百姓生活等方方面面的变革。

2018年4月22日，数字中国建设峰会在福建省福州市举行开幕式，中共中央总书记、国家主席、中央军委主席习近平发来贺信，向峰会的召开表示衷心的祝贺，向出席会议的各界人士表示热烈的欢迎。该届峰会围绕"以信息化驱动现代化，加快建设数字中国"这一主题，重在打造信息化发展政策发布、电子政务和数字经济发展成果展示、数字中国建设理论经验实践交流三大平台。这次峰会作为新时代信息化建设的一次新启航，以信息化培育新动能，用新动能推动新发展，为中华民族的伟大复兴插上信息化腾飞的翅膀。

2019年5月6日至8日，第二届数字中国建设峰会将在福州海峡国际会展中心举行。本届峰会的主题是"以信息化培育新动能用新动能推动新发展以新发展创造新辉煌"。峰会定位为我国信息化发展政策发布平台、电子政务和数字经济发展成果展示平台、数字中国建设理论经验和实践交流平台、汇聚全球力量助推数字中国建设的合作平台。

2020年10月12—14日，第三届数字中国建设峰会将在福州召开。第三届峰会的主题是"创新驱动数字化转型、智能引领高质量发展"。峰会定位为我国信息化发展政策的发布平台、数字中国建设最新成果的展示平台、电子政务和数字经济理论经验和实践交流平台、汇聚全球力量助推数字中国和数字丝路建设的合作平台。峰会的内容包括开幕式、主论坛、分论坛、成果展览会、创新大赛、应用场景发布和闭幕式等七个环节，采取线上线下相结合方式举行。同期将举办数字福建建设20周年相关活动。

2021年4月25日，以"激发数据要素新动能，开启数字中国新征程"为主题的第四届数字中国建设峰会在福州举行。

该届峰会以"激发数据要素新动能，开启数字中国新征程"为主题，定位为中国信息化发展政策发布平台、数字中国建设最新成果展示平台、电子政务和数字经济理论经验和实践交流平台、汇聚全球力量助推数字中国和数字丝路建设的合作平台。

69. 发布"魂芯二号 A"

2018 年 4 月 23 日，中国电子科技集团公司第三十八研究所在首届数字中国建设峰会上正式发布"魂芯二号 A"。

"魂芯二号 A"是业界实际运算性能最高的数字信号处理器。由中国电科 38 所完全自主设计，在一秒钟内能完成千亿次浮点运算，单核性能超过当前国际市场上同类处理核的 4 倍，其可与高速 ADC、DAC 直接互连，具备相关时序接口，可以实现 P 波段射频直采软件无线电处理形态。"魂芯二号 A"采用全自主体系架构，通过单核变多核、扩展运算部件、升级指令系统、扩大存储容量、加大数据并行、丰富调试手段、扩展应用领域等手段，使器件性能千亿次浮点运算的同时，具有相对良好的应用环境和调试手段。器件配置了相对强大的数据吞吐率能力，达 240Gbps，支持 RapidI/O、PCIE、JESD204B 等多种协议，支持片上网络调试、远程调试，为系统维护开发提供便捷和快速实现手段。作为通用 DSP 处理器，"魂芯二号 A"将广泛运用于雷达、电子对抗、通信、图像处理、医疗电子、工业机器人等高密集计算领域。目前，正在多种重大装备以及图像处理领域中推广使用。

2006 年，38 所第一次进入 DSP 芯片设计领域，历时 6 年，推出我国第一款从指令集、体系结构到开发环境均自主的实用型高性能浮点通用 DSP——"魂芯一号"，该芯片性能高于同期市场同类 DSP 性能 4—6 倍。2012 年开始，科研团队再次历经 6 年不断完善和修改，通过"魂芯一号"实际使用过程的不断迭代和磨合，完成了"魂芯"

家族的第二代产品——"魂芯二号 A"的设计。

"魂芯二号 A"相对于"魂芯一号",性能提升了 6 倍,单核实现 1K 点 FFT 仅需 1.6us,运算效能比 TI 公司 TMS320C6678 高 3 倍,实际性能为其 1.7 倍。魂芯 DSP 核是当前市场上性能最高 DSP 核,实现了市场上同类产品性能指标的超越,目前荣获国家技术发明专利、软件著作权等科技成果共计 30 余项。该芯片由中国电科 38 所完全自主设计,在一秒钟内能完成千亿次浮点运算,单核性能超过当前国际市场上同类处理核的 4 倍,其可与高速 ADC、DAC 直接互连,具备相关时序接口,可以实现 P 波段射频直采软件无线电处理形态。"魂芯二号 A"的推出,使得软件无线电从理想走向现实,人们梦想着系统功能主要取决于软件算法成为可能,同时为我国建立自主体系高端 DSP 产品谱系奠定坚实基础。

70. 马克思诞辰 200 周年

《领风者》是为了纪念卡尔·马克思诞辰 200 周年推出的网络动画，于 2019 年 1 月 28 日在 bilibili 首播。该作讲述了"千年思想家"卡尔·马克思一生的传奇故事。

马克思是全世界无产阶级和劳动人民的革命导师，是马克思主义的主要创始人，是马克思主义政党的缔造者和国际共产主义的开创者，是近代以来最伟大的思想家。马克思的一生，是胸怀崇高理想、为人类解放不懈奋斗的一生，是不畏艰难险阻、为追求真理而勇攀思想高峰的一生，是为推翻旧世界、建立新世界而不息战斗的一生。2018 年 5 月 4 日上午，纪念马克思诞辰 200 周年大会在北京人民大会堂隆重举行。中共中央总书记、国家主席、中央军委主席习近平在会上发表重要讲话。

习近平强调，马克思给我们留下的最有价值、最具影响力的精神财富，就是以他名字命名的科学理论——马克思主义。这一理论犹如壮丽的日出，照亮了人类探索历史规律和寻求自身解放的道路。马克思的思想理论源于那个时代又超越了那个时代，既是那个时代精神的精华又是整个人类精神的精华。马克思主义是科学的理论，创造性地揭示了人类社会发展规律。马克思主义是人民的理论，第一次创立了人民实现自身解放的思想体系。马克思主义是实践的理论，指引着人民改造世界的行动。马克思主义是不断发展的开放的理论，始终站在时代前沿。一部马克思主义发展史就是马克思、恩格斯以及他们的后继者们不断根据时代、实践、认识发展而发展的历史，是不断吸收人类历史上一切优秀思想文化成果丰富自己的历史。因此，马克思主义能够永葆其美妙之青春，不断探索时代发展提出的新课题、回应人类社会面临的新挑战。

习近平指出，《共产党宣言》发表170年来，马克思主义在世界上得到广泛传播。在人类思想史上，没有一种思想理论像马克思主义那样对人类产生了如此广泛而深刻的影响。马克思主义极大推进了人类文明进程，至今依然是具有重大国际影响的思想体系和话语体系，马克思至今依然被公认为"千年第一思想家"。习近平强调，马克思主义不仅深刻改变了世界，也深刻改变了中国。实践证明，马克思主义的命运早已同中国共产党的命运、中国人民的命运、中华民族的命运紧紧连在一起，它的科学性和真理性在中国得到了充分检验，它的人民性和实践性在中国得到了充分贯彻，它的开放性和时代性在中国得到了充分彰显。实践还证明，马克思主义为中国革命、建设、改革提供了强大思想武器，使中国这个古老的东方大国创造了人类历史上前所未有的发展奇迹。历史和人民选择马克思主义是完全正确的，中国共产党把马克思主义写在自己的旗帜上是完全正确的，坚持马克思主义基本原理同中国具体实际相结合、不断推进马克思主义中国化时代化是完全正确的。可以告慰马克思的是，马克思主义指引中国成功走上了全面建设社会主义现代化强国的康庄大道，中国共产党人作为马克思主义的忠诚信奉者、坚定实践者，正在为坚持和发展马克思主义而执着努力。

习近平指出，学习马克思，就要学习和实践马克思主义关于人类社会发展规律的思想，把共产主义远大理想同中国特色社会主义共同理想统一起来、同我们正在做的事情统一起来，坚定中国特色社会主义道路自信、理论自信、制度自信、文化自信，坚守共产党人的理想信念。学习马克思，就要学习和实践马克思主义关于坚守人民立场的思想，坚持全心全意为人民服务的根本宗旨，始终保持同人民群众的血肉联系，团结带领人民共同创造历史伟业。学习马克思，就要学习和实践马克思主义关于生产力和生产关系的思想，勇于全面深化改革，自觉通过调整生产关系激发社会生产力发展活力，自觉通过完善上层建筑适应经济基础发展要求，让中国特色社会主义更加符合规律地向前发展。学习马克思，就要学习和实践马克思主义关于人民民主的思想，坚定不移走中国特色社会主义政治发展道路，充分调动人民的积极性、主动性、创造性，更加切实、更有成效地实施人民民主。学习马克思，就要学习和实践马克思主义关于文化建设的思想，巩固马克思主义在意识形态领域的指导地位，发展社会主义先进文化，加强社会主义精神文明建设，不断铸就中华文化新辉煌。学习马克思，就要学习和实践马克思主义关于社会建设的思想，坚持以人民为中心的发展思想，不断保障和改善民生，促进社会公平正义，让发展成果更多更公平惠及全体人民，朝着实现全体人民共同富裕不断迈进。学习马克思，就要学习和实践马克思主义关于人与自然关系的思想，坚持人与自然和谐共生，动员全社会力量推进生态文明建设，共建美丽中国。学习马克思，就要学习和实践马克思主义关于世界历史的思想，坚持和平发展道路，坚持独立自主的和平外交政策，坚持互利共赢的开放战略，同各国人民一道努力构建人类命运共同体，把世界建设得更加美好。学习马克思，就要学习和实践马克思主义关于马克思主义政党建设的思想，增强政治意识、大局意识、核心意识、看齐意识，持之以恒推进全面从严治党，坚决维护党中央权威和集中统一领导，永远保持共产党人政治本色。

习近平强调，中国共产党是用马克思主义武装起来的政党，马克思主义是中国共产党人理想信念的灵魂。回顾党的奋斗历程可以发现，中国共产党之所以能够历经艰难困苦而不断发展壮大，很重要的一个原因就是我们党始终重视思想建党、理论强党，使全党始终保持统一的思想、坚定的意志、协调的行动、强大的战斗力。当前，改革发展稳定任务之重、矛盾风险挑战之多、治国理政考验之大都是前所未有的。我们要赢得优势、赢得主动、赢得未来，必须不断提高运用马克思主义分析和解决实际问题的能力，不断提高运用科学理论指导我们应对重大挑战、抵御重大风险、克服重大阻力、化解重大矛盾、解决重大问题的能力，以更宽广的视野、更长远的眼光来思考把握未来发展面临的一系列重大问题，不断坚定马克思主义信仰和共产主义理想。

习近平指出，全党同志特别是各级领导干部要更加自觉、更加刻苦地学习马克思列宁主义，学习毛泽东思想、邓小平理论、"三个代表"重要思想、科学发展观，学习新时代中国特色社会主义思想。要深入学、持久学、刻苦学，带着问题学、联系实际学，更好把科学思想理论转化为认识世界、改造世界的强大物质力量。共产党人要把读马克思主义经典、悟马克思主义原理当作一种生活习惯、当作一种精神追求，用经典涵养正气、淬炼思想、升华境界、指导实践。

习近平强调，对待科学的理论必须有科学的态度。理论的生命力在于不断创新，推动马克思主义不断发展是中国共产党人的神圣职责。我们要坚持用马克思主义观察时代、解读时代、引领时代，用鲜活丰富的当代中国实践来推动马克思主义发展，用宽广视野吸收人类创造的一切优秀文明成果，坚持在改革中守正出新、不断超越自己，在开放中博采众长、不断完善自己，不断深化对共产党执政规律、社会主义建设规律、人类社会发展规律的认识，不断开辟当代中国马克思主义、21 世纪马克思主义新境界。

习近平总书记的重要讲话，高屋建瓴，视野宏大，思想深刻，内容丰富，是一篇光辉的马克思主义纲领性文献。我们要认真学习、深入领会，更加紧密地团结在以习近平同志为核心的党中央周围，以更加昂扬的斗志、更加有为的举措，为实现"两个一百年"奋斗目标、实现中华民族伟大复兴的中国梦不懈奋斗。

71. 蓝天保卫战

2018 年 6 月 13 日，国务院总理李克强主持召开国务院常务会议，部署实施蓝天保卫战三年行动计划。打赢蓝天保卫战，是党的十九大作出的重大决策部署，事关满足人民日益增长的美好生活需要，事关全面建成小康社会，事关经济高质量发展和美丽中国建设。

2013 年，中国发布《大气污染防治行动计划》即"大气十条"。到 2017 年，"大气十条"确定的目标如期实现，全国空气质量总体改善，京津冀、长三角、珠三角等重点区域改善明显，也有力推动了产业、能源和交通运输等重点领域结构优化，大气污染防治的新机制基本形成。但大气污染形势仍然不容乐观，个别地区污染仍然较重。京津冀地区仍然是全国环境空气质量最差的地区，河北、山西、天津、河南、山东 5 省市优良天气比例仍不到 60%，汾渭平原近年来大气污染不降反升，反弹比较厉害。

2018 年 6 月 20 日，生态环境部副部长赵英民在国务院新闻办公室举行的政策例行吹风会上说，《打赢蓝天保卫战三年行动计划》将于近期印发实施。2018 年 6 月 27 日，国务院印发《打赢蓝天保卫战三年行动计划的通知》。

《行动计划》明确了大气污染防治工作的总体思路、基本目标、主要任务和保障措施，提出了打赢蓝天保卫战的时间表和路线图。指出，坚持新发展理念，坚持全民共治、源头防治、标本兼治，以京津冀及周边地区、长三角地区、汾渭平原等区域为重点，持续开展大气污染防治行动，综合运用经济、法律、技术和必要的行政手段，大力调整优化产业结构、能源结构、运输结构和用地结构，强化区域联防联控，狠抓秋冬季污染治理，统筹兼顾、系统谋划、精准施策，坚决打赢蓝天保卫战，实现环境效益、经济效益和社会效益多赢。经过 3 年努力，大幅减少主要大气污染物排放总量，协同减少温室气体排放，进一步明显降低细颗粒物（PM2.5）浓度，明显减少重污染天数，明显改善环境空气质量，明显增强人民的蓝天幸福感。

72. 上海合作组织青岛峰会

从黄浦江畔到黄海之滨，17 载同舟共济，17 载砥砺前行。上海合作组织秉持"上海精神"，互信、互利、平等、协商、尊重多样文明、谋求共同发展，成为具有广泛影响的综合性区域组织。2018 年上合组织成员国元首理事会会议于 6 月在青岛举行。此次峰会是继 2012 年北京峰会后上合组织再次回到它的诞生地中国，也是在上合组织实现首次扩员后举行的，是上合组织发展史上具有里程碑意义的一次盛会。

2001 年 6 月，上合组织成员国元首理事会首次会议在中国上海举行。会上，六国元首签署了《上海合作组织成立宣言》，宣告上合组织正式成立。在 2017 年阿斯塔纳峰会上，接收印度、巴基斯坦为成员国。

2018 年 6 月 9 日晚，中国国家主席习近平出席上海合作组织青岛峰会欢迎宴会并致祝酒辞。2018 年 6 月 10 日，上海合作组织成员国领导人共同会见记者。国家主席习近平作为主席国元首发表讲话。

成员国同意加强团结协作，深化和平合作、平等相待、开放包容、共赢共享的伙伴关系；秉持共同、综合、合作、可持续的安全观，维护地区安全稳定；维护世界贸易组织规则的权威性和有效性，巩固开放、包容、透明、非歧视、以规则为基础的多边贸易体制，反对任何形式的贸易保护主义，加强"一带一路"建设合作和发展战略对接；继续在文化、教育、科技、环保、卫生、旅游、青年、媒体、体育等领域开展合作，促进文化互鉴、民心相通；扩大上海合作组织的国际交往和合作，同联合国及其他国际和地区组织共同致力于促进世界持久和平和共同繁荣；积极支持和配合吉尔吉斯斯坦接任主席国工作，办好明年峰会。

成员国领导人签署了《上海合作组织成员国元首理事会青岛宣言》以及一系列决议，包括批准《〈上海合作组织成员国长期睦邻友好合作条约〉实施纲要（2018—2022年)》，批准《上海合作组织成员国打击恐怖主义、分裂主义和极端主义2019年至2021年合作纲要》，批准《2018—2023年上海合作组织成员国禁毒战略》及其落实行动计划，批准《上海合作组织预防麻醉药品和精神药品滥用构想》，制定《上海合作组织成员国粮食安全合作纲要》草案，批准《上海合作组织成员国环保合作构想》，批准《〈上海合作组织成员国元首致青年共同寄语〉实施纲要》，批准《上海合作组织秘书长关于上海合作组织过去一年工作的报告》，批准《上海合作组织地区反恐怖机构理事会关于地区反恐怖机构2017年工作的报告》，签署《上海合作组织秘书处与联合国教科文组织合作谅解备忘录（2018—2022年)》，任命上海合作组织秘书长、上海合作组织地区反恐怖机构执行委员会主任等，见证了经贸、海关、旅游、对外交往等领域合作文件的签署。

上海合作组织青岛峰会主要亮点有：第一，青岛峰会赋予"上海精神"新的时代内涵。"上海精神"就是20个字，"互信、互利、平等、协商、尊重多样文明、谋求共同发展"。上合组织成立17年来，之所以能够不断发展壮大，根本原因就在于始终践行"上海精神"，超越文明冲突、冷战思维、零和博弈等陈旧观念，不搞封闭排外的小圈子。习近平主席在青岛峰会讲话中提出发展观、安全观、合作观、文明观和全球治理观等一系列重要提法和论述，概括总结了建设新型国际关系的基本理念，为"上海精神"增添了新的时代内涵，赋予了上合组织新的历史使命。第二，青岛峰会确立了上合组织新的奋斗目标。习近平主席在讲话里指出，我们要坚持共商共建共享的全球治理观，不断改革完善全球治理体系，推动各国携手构建人类命运共同体。这一重要倡议在青岛宣言中得到了确认，成为上合组织8国最重要的政治共识和未来发展的奋斗目标。完善全球治理和构建人类命运共同体是各国共同的事业。作为拥有8个成员国、4个观察员国、6个对话伙伴的综合性区域组织，上合组织有责任、也有能力成为全球治理进程中的更加重要和积极的力量，为构建人类命运共同体发挥先导作用。第三，青岛峰会制定了未来合作新的行动指南。在青岛峰会上，成员国领导人签署、批准或发表了17份文件，见证签署了6份合作文件，是历届上合峰会成果最多的一次。青岛峰会在进一步发展成员国间睦邻友好关系、打击"三股势力"、促进贸易便利化、推动"一带一路"倡议与各国发展战略和区域合作倡议对接、加强人文合作和扩大对外交往等多个方面取得了实实在在的成果，也作出了扎扎实实的规划。

73. 新时代党的组织路线

　　我们党历来高度重视组织路线问题，坚持组织路线为政治路线服务，为党的壮大和事业发展提供了重要保证。党的六大明确提出"组织路线"的概念。1938年在党的六届六中全会上，毛泽东同志明确指出，"政治路线确定之后，干部就是决定的因素"，并提出"才德兼备"的干部标准和"任人唯贤"的干部路线。确保了革命的胜利。改革开放后，邓小平同志明确指出，"中国的稳定，四个现代化的实现，要有正确的组织路线来保证"，并且提出了干部队伍"四化"方针。历史充分证明，正确的组织路线是我们党发展壮大的重要法宝，是党和国家事业胜利前进的坚强保证。

　　没有正确的组织路线，党的正确的政治路线的实现和革命事业的顺利进行是不可能的。党的十八大后习近平总书记对党的建设和组织工作提出一系列新理念新思想新战略，我们党在加强党的建设、推进事业发展的壮阔历史进程中，不断深化对党的组织路线的认识。2019年7月3日至4日，全国组织工作会议在北京召开。中共中央总书记、国家主席、中央军委主席习近平出席会议并发表重要讲话，紧紧围绕新时代党的组织路线为党的政治路线服务，统揽伟大斗争、伟大工程、伟大事业、伟大梦想，在我们党的历史上第一次深刻阐明了新时代党的组织路线。

　　新时代党的组织路线是：全面贯彻习近平新时代中国特色社会主义思想，以组织体系建设为重点，着力培养忠诚干净担当的高素质干部，着力集聚爱国奉献的各方面优秀人才，坚持德才兼备、以德为先、任人唯贤，为坚持和加强党的全面领导、坚持和发展中国特色社会主义提供坚强组织保证。新时代党的组织路线是对党的建设近百年历史经验的科学总结，是对党的十八大以来党的建设和组织工作成功实践的理论升华。新时代党的组织路线，以"一个全面贯彻"为根本指针，以"两个坚持"为目标导向，突出一条根本原则，明确三个基本点，深刻阐明了新时代党的组织建设的一系列根本性问题，形成了内容完整、结构清晰、逻辑严密的有机整体，是加强新时代党的建设和做好组织工作的根本遵循。

站在新的历史起点上，鲜明提出新时代党的组织路线，对于坚持党的领导、加强党的建设、做好党的组织工作，具有十分重要的意义。这是对我们党历史经验的科学总结，是党的十八大以来以党的伟大自我革命推动伟大社会革命成功实践的理性升华，是对马克思主义党建学说的开创性贡献，具有里程碑意义，为新时代党的建设和组织工作指明了前进方向，提供了根本遵循，是新时代党的建设和组织工作必须遵循的"纲"和"本"。

74. 第一部关于党支部工作的基础主干法规

党支部是党的基础组织，是党在社会基层组织中的战斗堡垒，是党的全部工作和战斗力的基础，担负直接教育党员、管理党员、监督党员和组织群众、宣传群众、凝聚群众、服务群众的职责。重视和加强党支部建设，是马克思主义政党的鲜明特征。党的十八大以来，以习近平同志为核心的党中央高度重视党支部建设，要求把全面从严治党落实到每个支部、每名党员，推动全党形成大抓基层、大抓支部的良好态势，取得明显成效。当前，推进伟大斗争、伟大工程、伟大事业、伟大梦想，要求各级党组织必须认真贯彻落实新时代党的组织路线，把党支部建设放在更加突出的位置，加强党支部标准化、规范化建设，不断提高党支部建设质量。

2018 年 9 月 21 日，习近平总书记主持召开中央政治局会议，审议《中国共产党支部工作条例（试行)》和《2018—2022 年全国干部教育培训规划》。会议强调，党支部是党的基础组织，是党的组织体系的基本单元。党的十八大以来，以习近平同志为核心的党中央高度重视党支部建设，要求把全面从严治党落实到每个支部、每名党员，推动全党形成大抓基层、大抓支部的良好态势，取得明显成效。2018 年 11 月，中共中央印发《中国共产党支部工作条例（试行)》（以下简称《条例》)，并发出通知，要求各地区各部门认真遵照执行。

《条例》共 8 章 37 条，内容全面、规定明确，覆盖了党支部建设的各领域、各方面。一是明确了党支部的功能定位，规定党支部是党的基础组织、党的组织体系的基本单元、党在社会基层组织中的战斗堡垒、党的全部工作和战斗力的基础，并提出党支部工作必须遵循的原则。二是规范了党支部的设置，明确党支部设立范围、条件和程序，对结合实际创新党支部设置形式作出规定。三是提出了党支部的基本任务和不同领域党支部的重点任务，强调村和社区党支部要全面领导隶属本村、本社区的各类组织和各项工作。四是完善了党支部的工作机制，对党员大会、党支部委员会和党小组的职责和运行方式等作出规范。五是规定了党支部组织生活，对"三会一课"和主题党日、组织生活会、民主评议党员、谈心谈话等细化内容和程序。六是强调了加强党支部委员会建设，规范党支部委员会组成、任期和选举，提出党支部书记任职条件和选拔渠道等。七是压实了党支部工作的领导指导责任，明确为党支部开展工作给予经费保障，干部考察应当听取考察对象所在党支部的意见等。

总之，《条例》是我们党历史上第一部关于党支部工作的基础主干法规，以习近平新时代中国特色社会主义思想为指导，贯彻党章要求，既弘扬"支部建在连上"的光荣传统，又体现基层创造的新做法新经验，对党支部工作作出全面规范，是新时代党支部建设的基本遵循。《条例》的制定和实施，对于加强党的组织体系建设，推动全面从严治党向基层延伸，全面提升党支部组织力、强化党支部政治功能，巩固党长期执政的组织基础，具有十分重要的意义。

75. 国产大型水陆两栖飞机 AG600

2018 年 10 月 20 日 8 时 45 分，AG600 飞机在荆门漳河机场滑行入水，随即从水面腾空而起。在平稳飞行 14 分钟，完成既定一系列试飞科目后，飞机于 9 时 5 分顺利着水降落。

AG600 水陆两栖飞机，全称大型灭火 / 水上救援水陆两栖飞机 AG600（简称：AG600），是中国为满足森林灭火和水上救援的迫切需要，首次研制的大型特种用途飞机。随着中国战略方向由陆地转向海洋，海军对大面积海区进行迅速探潜和攻潜手段的需求日益强烈，海军航空反潜兵力薄弱的问题更加突出。新世纪后，运—8 高新工程机取得了突破，机翼整体油箱、涡桨—6C 发动机和 6 叶复合材料螺旋桨的研制成功，使得平台的整体性能与 C—130J 相近。同时，我国在反潜声呐浮标、磁异探测器、空投反潜鱼雷等领域的明显进步，都为中国发展新一代反潜机的出现打下了坚实基础。对于新一代水上飞机需求的讨论已由"军用"转为"民用"。随着中国经济发展，海上交通、远洋捕捞等海洋活动的日趋活跃，对海上救援体系的建设提出了更高的要求，但较于欧美，这方面中国还是相对薄弱的。新水上飞机就成为我国海上救援体系建设的必要的物质条件之一。鉴于水轰—5 已经使用了 30 余年，机体结构老化，已不具备改装条件。中国曾设想过引进俄罗斯的别—200 型飞机。但最终考虑到整机采购成本，以及相应后勤保障、训练维护体系的引入耗资较大，我国还是放弃别—200 的引进，开始了 AG—600 新一代水上飞机的研制工作。AG—600 在研制上的机型定位抛弃了已属不切实际的轰炸、反潜攻击等军事用途，而是着重于民用领域的水上应急救援、森林灭火、海上巡察等需求。按照"一机多型、水陆两栖、系列发展"的设计思想，还可根据用户需要加装必要的设备，来实现海洋环境监测、资源探测、客货运输等任务。

AG600 是国家应急救援体系建设急需的重大航空装备，对中国经济发展和转型升级具有重大意义。2018 年 10 月 20 日，习近平致电祝贺国产大型水陆两栖飞机 AG600 水上首飞成功：大型灭火 / 水上救援水陆两栖飞机 AG600 水上首飞圆满成功，是中国航空工业坚持自主创新取得的又一重大科技成果。全体参研单位和人员奋勇拼搏、攻坚克难，项目研制实现重要突破。我向同志们表示衷心的祝贺！希望各有关方面继续弘扬航空报国精神，切实贯彻新发展理念，奋力推动创新发展，再接再厉，大力协同，确保项目研制成功，继续为满足中国应急救援体系和国家自然灾害防治体系建设需要、实现建设航空强国目标而奋斗。

76. 改革开放 40 周年

公元前 307 年，赵武灵王下令作战时改华夏传统长裙长袖服装为胡人紧凑短衣长裤，因为胡人服饰多为动物毛发皮革所制，故而有"改革"一词，意为变革，革新。改革，现常指改变旧制度、旧事物。对旧有的生产关系、上层建筑作局部或根本性的调整，改革是社会发展的强大动力。

以 1978 年党的十一届三中全会为发端，中国开始了改革开放的历史进程。邓小平强调，"革命是解放生产力，改革也是解放生产力"，"改革是中国的第二次革命"。

40 年来，我们党坚持党的基本路线，改革开放和现代化建设取得了全方位、历史性的成就。伴随 40 年波澜壮阔改革开放的伟大实践，党的建设随着时代的发展也在不断发展，不断创新，它来源于实践也推动着实践，同经济、政治、文化、社会和生态文明建设一起，构成了 40 年改革开放的壮丽画卷。

为了总结 40 年改革方向的经验，在新时代继续把改革开放推向前进。2018 年 12 月 18 日上午 10 时，庆祝改革开放 40 周年大会在北京人民大会堂举行。中共中央总书记、国家主席、中央军委主席习近平出席大会并发表重要讲话。讲话深刻总结了改革开放 40 年来党和国家事业取得的伟大成就和宝贵经验，高度赞扬了中国人民为改革开放事业作出的杰出贡献，郑重宣示了改革开放只有进行时没有完成时、改革开放永远在路上的信心和决心，明确提出了坚定不移全面深化改革、扩大对外开放、不断把新时代改革开放继续推向前进的目标要求。

习近平总书记在讲话中回顾了改革开放40年的光辉历程，用十个"始终坚持"，从理论创新、经济建设、政治建设、文化建设、社会建设、生态文明建设、国防和军队建设、祖国统一、外交工作、党的建设等方面总结了改革开放的伟大成就。在党的建设方面，就是第十个始终坚持，即：我们始终坚持加强和改善党的领导，积极应对在长期执政和改革开放条件下党面临的各种风险考验，持续推进党的建设新的伟大工程，保持党的先进性和纯洁性，保持党同人民群众的血肉联系。我们积极探索共产党执政规律、社会主义建设规律、人类社会发展规律，不断开辟马克思主义中国化新境界。我们坚持党要管党、从严治党，净化党内政治生态，持之以恒正风肃纪，大力整治形式主义、官僚主义、享乐主义和奢靡之风，以零容忍态度严厉惩治腐败，反腐败斗争取得压倒性胜利。我们党在革命性锻造中坚定走在时代前列，始终是中国人民和中华民族的主心骨！

习近平总书记强调，改革开放是党和人民大踏步赶上时代的重要法宝，是坚持和发展中国特色社会主义的必由之路，是决定当代中国命运的关键一招，也是决定实现"两个一百年"奋斗目标、实现中华民族伟大复兴的关键一招。动员全党全国各族人民在新时代继续把改革开放推向前进，为实现"两个一百年"奋斗目标、实现中华民族伟大复兴的中国梦不懈奋斗，需要进一步加强党的建设，如何加强党的建设，提出了最重要的两点：

一是必须坚持党对一切工作的领导，不断加强和改善党的领导。

二是必须坚持全面从严治党，不断提高党的创造力、凝聚力、战斗力。

在新的改革开放的征程中，必须按照新时代党的建设总要求，以政治建设为统领，不断推进党的建设新的伟大工程，不断增强全党团结统一和创造活力，不断增强全党执政本领，把党建设得更加坚强、更加有力。我们要坚持用时代发展要求审视自己，以强烈忧患意识警醒自己，以改革创新精神加强和完善自己，在应对风险挑战中锻炼提高，在解决党内存在的突出矛盾和问题中净化纯洁，不断提高管党治党水平。我们要坚持德才兼备、以德为先、任人唯贤，着力培养忠诚干净担当的高素质干部队伍和宏大的人才队伍。我们要以反腐败永远在路上的坚韧和执着，深化标本兼治，坚决清除一切腐败分子，保证干部清正、政府清廉、政治清明，为继续推进改革开放营造海晏河清的政治生态。

总之，习近平总书记在庆祝改革开放 40 周年大会上的讲话，高屋建瓴、内涵丰富、亮点纷呈，是一篇指引新时代改革开放事业的纲领性文献，更是一篇马克思主义的纲领性文献。

77.《告台湾同胞书》发表 40 周年

1979 年初，时任国防部长徐向前发表声明，宣布停止自 1958 年以来解放军对金门等岛屿的炮击。这源自于 1979 年 1 月 1 日，全国人民代表大会常务委员会发表《告台湾同胞书》，郑重宣示在新的历史条件下争取祖国和平统一的大政方针及一系列政策主张，开启了两岸关系发展的新阶段。

坚冰从此渐渐消融，涓涓细流最终汇成大江大河。40 年来，两岸局势历经风云变幻，但不变的是我们维护祖国统一、推动台湾问题和平解决的初心。在两岸同胞的共同努力下，《告台湾同胞书》提出的很多重要思想已经得到实现，例如，两岸通航通邮，两岸同胞互通讯息，探亲访友，旅游参观，学术文化体育等方面的交流都已经成为了现实。两岸的经济交流更是取得了长足的发展，两岸很多分离的家庭成员团圆重聚，两岸人员往来的增多也使得双方多年互不了解的隔阂得到消除。

《告台湾同胞书》发表 40 周年纪念会于 2019 年 1 月 2 日上午 10 时在北京人民大会堂举行。中共中央总书记、国家主席、中央军委主席习近平出席纪念会并发表重要讲话。

习近平强调，海峡两岸分隔已届 70 年。台湾问题的产生和演变同近代以来中华民族命运休戚相关。1949 年以来，中国共产党、中国政府、中国人民始终把解决台湾问题、实现祖国完全统一作为矢志不渝的历史任务。我们团结台湾同胞，推动台海形势从紧张对峙走向缓和改善、进而走上和平发展道路，两岸关系不断取得突破性进展。

两岸关系发展历程证明：台湾是中国一部分、两岸同属一个中国的历史和法理事实，是任何人任何势力都无法改变的！两岸同胞都是中国人，血浓于水、守望相助的天然情感和民族认同，是任何人任何势力都无法改变的！台海形势走向和平稳定、两岸关系向前发展的时代潮流，是任何人任何势力都无法阻挡的！国家强大、民族复兴、两岸统一的历史大势，更是任何人任何势力都无法阻挡的！

习近平指出，回顾历史，是为了启迪今天、昭示明天。祖国必须统一，也必然统一。这是 70 载两岸关系发展历程的历史定论，也是新时代中华民族伟大复兴的必然要求。两岸中国人、海内外中华儿女理应共担民族大义、顺应历史大势，共同推动两岸关系和平发展、推进祖国和平统一进程。世界上只有一个中国，坚持一个中国原则是公认的国际关系准则，是国际社会普遍共识。国际社会广泛理解和支持中国人民反对"台独"分裂活动、争取完成国家统一的正义事业。中国政府对此表示赞赏和感谢。中国人的事要由中国人来决定。台湾问题是中国的内政，事关中国核心利益和中国人民民族感情，不容任何外来干涉。中国的统一，不会损害任何国家的正当利益包括其在台湾的经济利益，只会给各国带来更多发展机遇，只会给亚太地区和世界繁荣稳定注入更多正能量，只会为构建人类命运共同体、为世界和平发展和人类进步事业作出更大贡献。

78. 亚洲最大的重型自航绞吸船

近些年来，随着祖国经济的快速发展，科技水平的不断进步与自我创新，我国的制造业技术也在不断取得一个又一个新的突破，逐渐迈入世界先进水平行列，"天鲲号"自航绞吸船就是我国制造业不断取得新突破的典型代表。2019年3月12日，亚洲最大的重型自航绞吸船"天鲲号"完成通关手续，从江苏连云港开启首航之旅，标志着完全由我国自主研发、建造的疏浚重器"天鲲号"正式投产首航。

"天鲲号"是亚洲最大的重型自航绞吸船，由中国船舶工业集团公司第七〇八研究所设计，上海振华重工集团启东公司建造的新一代重型自航绞吸挖泥船。"天鲲号"全船长140米，宽27.8米，最大挖深35米，总装机功率25843千瓦，设计每小时挖泥6000立方米，绞刀额定功率6600千瓦。

1964年，我国仅引进的航津浚102轮就花了4吨黄金。主力疏浚船舶的引进不仅花费昂贵，国外厂商还对中国进行了技术封锁，所有参数均严格保密。为了更好地发展中国疏浚装备产业，老一辈科研技术人员走上了疏浚装备国产化的道路。2016年初，"天鲲号"开工建造。2017年11月3日上午，"天鲲号"在江苏启东成功下水。标志着中国疏浚装备研发建造能力进一步升级，已处于世界先进水平。"天鲲号"随后历时7个月先后完成全船液压管系安装、船舶舾装涂装工作、构建分布全船电力系统等各种设备的安装调试，并完成船舶倾斜试验。2018年6月8日下午4时，"天鲲号"缓缓驶离位于江苏启东的船厂码头，经由长江口北角开往浙江花鸟山海域进行为期3天的海试。该船的动力系统和推进系统等将在此次出航中首次接受真正海洋环境的考验。经过为期近 4 天的海上航行，"天鲲号"于 2018 年 6 月 12 日成功完成首次试航。2019 年 1 月 9 日，我国自主研发的亚洲最大重型自航绞吸船"天鲲号"经过近 3 个月的挖泥、挖岩试验后顺利返航。这标志着其完成全部测试，正式具备投产能力。

2019 年 3 月 12 日，"天鲲号"正式投产首航。2019 年 11 月 30 日，"天鲲号"被评为第二届优秀海洋工程。2020 年 10 月 13 日，"天鲲号"和"深海一号"暨"蛟龙号"抵达广东深圳蛇口邮轮母港，助阵 2020 中国海洋经济博览会。

"天鲲号"是中国疏浚史上高新技术与重型装备制造高度融合的里程碑，是我国建设海洋强国、共建"一带一路"的国之重器。

79.《中国共产党党员教育管理工作条例》

于江震（1911—1967）是 1928 年入党，参加革命后的经历也较丰富，曾任中共阆南县委书记，川陕省军区东路游击司令、红三十三军独立师师长兼政委，红四方面军总政治部组织处长，中共川北工委书记、南充中心县委书记、川康特委组织部长、川南特委书记、川东特委组织部长等职，到南方局工作后任组织部秘书，又担任南方局机关党支部书记，真可谓打过游击，当过红军，走过长征，干过地下。在南方局里一般的年轻同志面前，也算是老资格了，但在那些大革命时期甚至更早时期就入党的同志面前，他还是个"小青年"呢！所以，支部对老革命们的管理，说轻了怕弄成一团和气，说重了怕弄成不尊重老革命，说多了怕弄得老革命们有抵触情绪，工作难度很大。

他得知周恩来在关心这个问题后，就向周恩来全面汇报了支部的工作情况，周恩来指示他要抓好机关党员的组织生活，大胆管理，对任何人都不能放松，要充分发挥支部堡垒作用，支部说话灵了，有威信了，党的决议就能贯彻执行了，党的生活也就生动活泼了。

有了周恩来的支持与指导，于江震底气足足的，按周恩来的指示精神，他很快就召集起支部全体党员开大会，在会上着重就这个问题表明了态度。他说，当前我们机关有些同志组织纪律性差。当然，我们的同志都是很有本事的，各有自己的高招，有带过兵、会打仗的，有文笔好、会作文的，有口才好、会演讲的……总而言之，都很不错，所以有的同志就认为自己用不着管了，叫作"龙王何须水来管"。但是，这种看法是不对的。我们的党是有组织纪律的党，组织纪律是党的生命，任何人都必须服从组织，遵守纪律，才有前途。支部是每个党员过组织生活的基层单位，也是具体执行党的方针、政策和任务的基层单位。任何一个党员都要自觉地服从和执行支部的决议、响应支部的号召，老革命更应以身作则，给其他同志以好的影响。党员如果不遵守组织纪律，就像龙王离了水，就失去了作用，不成其为龙王了。老革命离开了党组织，也就失去了老革命的意义了。因此，我们说，对所有党员，支部就是要管、敢管。党就是要管好党员啊！

在革命战争年代要管理好党员，在新时代也要管理好党员，党员教育管理是基层党组织的一项重要工作内容，是党建工作的重要组成部分，它对于党员保持党员先进性、贯彻执行党的基本路线，进一步提高党员队伍的素质，起着极其重要的作用。我们党历来重视党员教育管理工作，党员教育管理是细水长流的工作，需要常抓不懈、久久为功。党的十八大以来，以习近平同志为核心的党中央把党员教育管理作为党的建设一项基础性经常性工作来部署推进，从严从实教育管理党员，推动管党治党不断从宽松软走向严紧硬，取得明显成效。站在新的历史起点上，我们党统揽伟大斗争、伟大工程、伟大事业、伟大梦想，必须把党员教育管理放在更加突出的位置，着力激发党组织的生机活力，建设一支信念坚定、政治可靠、素质优良、纪律严明、作用突出的党员队伍。

2019 年 3 月 29 日，中共中央政治局召开会议，审议《中国共产党党员教育管理工作条例》。中共中央总书记习近平主持会议。2019 年 5 月，中共中央印发《中国共产党党员教育管理工作条例》，并发出通知，要求各地区各部门认真遵照执行。

《中国共产党党员教育管理工作条例》共 10 章 46 条，对党员教育管理工作作出基本规范。体现着四个特点：一是贯彻落实习近平新时代中国特色社会主义思想，特别是习近平总书记关于党员教育管理工作的一系列重要指示精神，着眼健全党的组织体系，提升党的组织力，推动全面从严治党要求落实到每个党员。二是以党章为根本遵循，以党的政治建设为统领，贯彻落实新时代党的组织路线，坚持教育、管理、监督、服务相结合，不断增强党员教育管理针对性和有效性。三是强化问题导向，既明确党员教育管理工作基本要求，又针对突出问题和薄弱环节作出制度性规定。四是继承传统和改革创新相结合，把实践证明行之有效的做法和成功经验固化为法规制度，并注意与其他法规相衔接，贴近基层实际、体现时代特点。《条例》通篇贯穿习近平新时代中国特色社会主义思想，并明确提出把用习近平新时代中国特色社会主义思想武装全党作为党员教育管理的首要政治任务，专章作出规定。《条例》按照党章有关规定，总结党员教育工作历史经验，结合新时代党员队伍建设需要，从政治理论教育、政治教育和政治训练、党章党规党纪教育、党的宗旨教育、革命传统教育、形势政策教育、知识技能教育等7个方面，规定了党员教育基本任务，并分别明确教育的重点内容和目标要求。通过加强这7个方面的教育，引导广大党员坚定共产主义远大理想和中国特色社会主义共同理想，增强"四个意识"、坚定"四个自信"、做到"两个维护"，增强党性、提高素质，不忘初心、牢记使命，在生产、工作、学习和社会生活中充分发挥先锋模范作用。《条例》总结运用党的十八大以来推进全面从严治党向基层延伸的重要经验，坚持融入日常、抓在经常，坚持从基础工作抓起、从基本制度严起，从4个方面对党员教育管理的方法途径作出规定。一是用好党的组织生活这一经常性手段，落实"三会一课"、组织生活会、民主评议党员、谈心谈话等基本制度，组织党员定期参加支部主题党日、按期交纳党费，加强党员党性锻炼。二是根据党的事业发展和党的建设重点任务，坚持集中培训制度，有计划地组织党员参加集中轮训培训、党内集中学习教育，使党员接受日常教育全覆盖、有保证、见实效。三是组织引导党员发挥先锋模范作用，要求党组织设立党员示范岗、党员责任区，开展设岗定责、承诺践诺，引导党员参与志愿服务，充分调动广大党员积极性主动性创造性。四是坚持从严教育管理和热情关心爱护相统一，从政治、思想、工作、生活上激励关怀帮扶党员，落实对老党员等重点对象的服务措施，增强党员荣誉感归属感使命感，激励党员新时代新担当新作为。《条例》分别对理顺党员组织关系、转移和接收党员组织关系等作出规定，特别是规定具有审批预备党员权限的基层党委，可以在全国范围直接相互转移和接收党员组织关系。这一规定，进一步强化了基层党组织对党员的管理职责，为党员转接组织关系提供了便利。党的十八大以来，我们党加强党员队伍管理的一个鲜明特点，就是管在日常、严在经常，从最基础环节、最基本工作抓起，把全面从严治党要求落实到每个支部、每名党员。《条例》总结运用这一成功经验，设专章对党员监督和组织处置作出规范，目的就是通过抓好日常性的管理监督和组织处置，保持党员队伍先进性和纯洁性，不断维护党的肌体健康。流动党员是党员队伍的重要组成部分。针对一些基层党组织对流动党员管理责任落实不够、流动党员参加组织生活难等问题，着眼让每名流动党员都纳入党组织有效管理，《条例》在总结近些年来各地实践经验基础上，从多个方面作了规定。推进党员教育管理信息化，既是信息化时代发展的客观要求，也是党建工作改革创新的必然要求。贯彻落实习近平总书记关于党员教育管理信息化的指示要求，从指导基层工作实践出发，《条例》作出了以下规定。一是明确了总的要求，就是推进基层党建传统优势与信息技术深度融合，不断提高党员教育管理现代化水平。二是对党员教育管理信息化平台建设提出要求，强调统筹规划、整合资源，打造党务、政务、服务有机融合的网络阵地。三是对党员教育管理信息化平台应用提出要求，强调坚持网上和网下相结合，充分利用信息网络技术优势，开展党员教育管理业务应用。四是对党员学网用网和网络行为规范提出要求。《条例》立足抓基本、管长远，对加强组织领导和工作保障也作出明确规定。

总之，《条例》以习近平新时代中国特色社会主义思想为指导，以党章为根本遵循，总结吸收实践创新成果，对党员教育管理的内容、方式、程序等作出规范，是新时代党员教育管理工作的基本遵循。《条例》的制定和实施，对于提高党员队伍建设质量，推动全面从严治党向纵深发展，夯实党长期执政基础，实现党伟大执政使命，具有十分重要的意义。

80. 人民海军成立 70 周年

"重庆号"巡洋舰是当时国民党海军中较大的一艘旗舰，排水量为 7500 吨，全长为 505 英尺，宽 51 英尺，64000 马力，最高航速每小时 30 海里，连续航行能力 4000 海里，舰上的武器装备有各种炮 22 门，高射机枪 8 挺，鱼雷发射管 6 个，还有雷达、通讯等设备。该舰由英国制造，曾参加过第二次世界大战，后因舰龄较长，被英方淘汰，并于 1948 年 5 月赠给国民党。原名"震旦号"，后改为"重庆号"。1949 年 2 月 25 日凌晨 1 时，"重庆号"在吴淞口发动武装起义。3 月 3 日启程，4 日凌晨便安全抵达葫芦岛港。5 日，全舰起义人员给毛泽东主席和朱德总司令致电，要求参加中国人民解放军。

1949 年 3 月 24 日，中国人民革命军事委员会主席毛泽东和中国人民解放军总司令朱德热烈庆祝"重庆号"巡洋舰官兵起义，指出中国人民必须建设自己强大的国防，除了陆军，还必须建立自己的空军和海军。1949 年 4 月 4 日，中国人民解放军第三野战军副司令员粟裕、参谋长张震奉中央军委命令，到达江苏省泰州白马庙乡，建立渡江战役指挥部，接受国民党起义投诚舰艇，组建一支保卫沿海沿江的海军部队。

1949 年 4 月 23 日，中国人民解放军华东军区海军在江苏泰州白马庙宣告成立，张爱萍任司令员兼政委。从此，在中国人民解放军序列里出现了一个新的军种——人民海军。1989 年 2 月 17 日，中共中央军委批准以 1949 年 4 月 23 日成立华东军区海军的日期为中国人民解放军海军的成立日。

2019年4月21日，经中央军委批准，海军在京举行庆祝人民海军成立70周年大会，军委机关领导、海军老领导、曾在海军工作过的老同志、海军党委常委、海军机关部委领导、部队英模代表，以及海军机关和驻京单位官兵代表共1300余人参加大会。

大会回顾了70年来人民海军从无到有、从小到大、从弱到强的奋斗历程，总结在战斗、建设、改革、转型和军事斗争准备实践中形成的历史经验，展望在新时代征程上全面建成世界一流海军的光明前景，并对70年间为海军建设发展作出突出贡献的单位和个人进行表彰。

大会指出，70年来，人民海军在党的英明领导和亲切关怀下，紧跟党和人民事业发展步伐，紧随强军兴军奋斗历程，不断从胜利走向胜利，始终对党忠诚、听党指挥，英勇善战、敢打必胜，改革创新、勇于超越，恪守宗旨、服务大局，英模辈出，已逐步发展成为一支能够有效捍卫国家主权、安全、发展利益的强大的现代化海军。特别是党的十八大以来，在习主席的掌舵领航下，在习近平强军思想的科学指引下，人民海军高歌猛进、阔步前行，大踏步赶上时代发展潮流，发生了历史性变革、取得了历史性成就，从未像今天这样引人注目，从未像现在这样威武雄壮！

大会强调，听党指挥是根本保证，红色基因是血脉优势，备战打仗是核心价值，改革创新是动力源泉，全面从严是坚实基础。要全面建成世界一流海军，必须始终沿着习主席指引的航向阔步前行，时刻准备为祖国和人民去战斗，加快推进海军战略转型，狠抓全面从严治党全面从严治军。

大会表示，海军广大官兵将始终围绕"坚决听党指挥、加快转型发展，建成一流海军，随时准备打仗"的目标要求，坚定不移用习近平强军思想特别是海军建设重要指示统一思想和行动，确保新时代海军建设发展坚定正确政治方向；科学统筹海军转型建设，全面提高履行新时代使命任务能力；狠抓全面从严治党全面从严治军，立起新时代人民海军良好形象。将大力践行"只争朝夕、时不我待""越是艰险越向前、狭路相逢勇者胜""功成不必在我、功成必定有我"的精神境界和历史担当，以纪念人民海军成立 70 周年为新的起点，奋力跑好手中的历史接力棒，为加快海军转型发展、全面建成世界一流海军贡献智慧和力量。

81．五四运动 100 周年

五四运动，是 1919 年 5 月 4 日发生在北京的一场以青年学生为主，广大群众、市民、工商人士等阶层共同参与的，通过示威游行、请愿、罢工、暴力对抗政府等多种形式进行的爱国运动，是中国人民彻底的反对帝国主义、封建主义的爱国运动，又称"五四风雷"。

2019 年 4 月 30 日上午，纪念五四运动 100 周年大会在北京人民大会堂隆重举行。中共中央总书记、国家主席、中央军委主席习近平在会上发表重要讲话，他表示，今年是五四运动 100 周年，也是中华人民共和国成立 70 周年。在这个具有特殊意义的历史时刻，我们在这里隆重集会，缅怀五四先驱崇高的爱国情怀和革命精神，总结党和人民探索实现民族复兴道路的宝贵经验，这对发扬五四精神，激励全党全国各族人民特别是新时代中国青年为全面建成小康社会、加快建设社会主义现代化国家、实现中华民族伟大复兴的中国梦而奋斗，具有十分重大的意义。

习近平强调，五四运动，爆发于民族危难之际，是一场以先进青年知识分子为先锋、广大人民群众参加的彻底反帝反封建的伟大爱国革命运动，是一场中国人民为拯救民族危亡、捍卫民族尊严、凝聚民族力量而掀起的伟大社会革命运动，是一场传播新思想新文化新知识的伟大思想启蒙运动和新文化运动，以磅礴之力鼓动了中国人民和中华民族实现民族复兴的志向和信心。习近平指出，五四运动，以彻底反帝反封建的革命性、追求救国强国真理的进步性、各族各界群众积极参与的广泛性，推动了中国社会进步，促进了马克思主义在中国的传播，促进了马克思主义同中国工人运动的结合，为中国共产党成立做了思想上干部上的准备，为新的革命力量、革命文化、革命斗争登上历史舞台创造了条件，是中国旧民主主义革命走向新民主主义革命的转折点，在近代以来中华民族追求民族独立和发展进步的历史进程中具有里程碑意义。

习近平强调，五四运动以全民族的力量高举起爱国主义的伟大旗帜。五四运动，孕育了以爱国、进步、民主、科学为主要内容的伟大五四精神，其核心是爱国主义精神。爱国主义是我们民族精神的核心，是中华民族团结奋斗、自强不息的精神纽带。历史深刻表明，爱国主义自古以来就流淌在中华民族血脉之中，去不掉，打不破，灭不了，是中国人民和中华民族维护民族独立和民族尊严的强大精神动力，只要高举爱国主义的伟大旗帜，中国人民和中华民族就能在改造中国、改造世界的拼搏中迸发出排山倒海的历史伟力。习近平指出，五四运动以全民族的行动激发了追求真理、追求进步的伟大觉醒。经过五四运动洗礼，越来越多中国先进分子集合在马克思主义旗帜下，1921 年中国共产党宣告正式成立，中国历史掀开了崭新一页。历史深刻表明，有了马克思主义，有了中国共产党领导，有了中国人民和中华民族的伟大觉醒，中国人民和中华民族追求真理，追求进步的潮流从此就是任何人都阻挡不了的。

习近平强调，五四运动以全民族的搏击培育了永久奋斗的伟大传统。通过五四运动，中国青年发现了自己的力量，中国人民和中华民族发现了自己的力量。中国人民和中华民族从斗争实践中懂得，中国社会发展，中华民族振兴，中国人民幸福，必须依靠自己的英勇奋斗来实现，没有人会恩赐给我们一个光明的中国。历史深刻表明，只要中国人民和中华民族勇于为改变自己的命运而奋斗牺牲，我们的国家就一定能够走向富强，我们的民族就一定能够实现伟大复兴。习近平指出，青年是整个社会力量中最积极、最有生气的力量，国家的希望在青年，民族的未来在青年。新时代中国青年处在中华民族发展的最好时期，既面临着难得的建功立业的人生际遇，也面临着"天将降大任于斯人"的时代使命。新时代中国青年要继续发扬五四精神，以实现中华民族伟大复兴为己任，不辜负党的期望、人民期待、民族重托，不辜负我们这个伟大时代。

习近平对新时代中国青年提出6点要求。一是要树立远大理想，树立对马克思主义的信仰、对中国特色社会主义的信念、对中华民族伟大复兴中国梦的信心，到新时代新天地中去，让青春在创新创造中闪光。二是要热爱伟大祖国，听党话、跟党走，胸怀忧国忧民之心、爱国爱民之情，以一生的真情投入、一辈子的顽强奋斗来体现爱国主义情怀，让爱国主义的伟大旗帜始终在心中高高飘扬。三是要担当时代责任，让青春在新时代改革开放的广阔天地中绽放，让人生在实现中国梦的奋进追逐中展现出勇敢奔跑的英姿，努力成为德智体美劳全面发展的社会主义建设者和接班人。四是要勇于砥砺奋斗，勇做走在时代前列的奋进者、开拓者、奉献者，在劈波斩浪中开拓前进，在披荆斩棘中开辟天地，在攻坚克难中创造业绩，用青春和汗水创造出让世界刮目相看的新奇迹。五是要练就过硬本领，增强学习紧迫感，努力学习马克思主义立场观点方法，努力掌握科学文化知识和专业技能，努力提高人文素养，以真才实学服务人民，以创新创造贡献国家。六是要锤炼品德修为，自觉树立和践行社会主义核心价值观，明大德、守公德、严私德，追求更有高度、更有境界、更有品位的人生，让清风正气、蓬勃朝气遍布全社会。

习近平强调，中国共产党立志于中华民族千秋伟业，必须始终代表广大青年、赢得广大青年、依靠广大青年，用极大力量做好青年工作，确保党的事业薪火相传，确保中华民族永续发展。把青年一代培养造就成德智体美劳全面发展的社会主义建设者和接班人，是全党的共同政治责任。各级党委和政府、各级领导干部以及全社会都要充分信任青年、热情关心青年、严格要求青年，关注青年愿望、帮助青年发展、支持青年创业，做青年朋友的知心人、青年工作的热心人、青年群众的引路人。要主动走近青年、倾听青年，真情关心青年、关爱青年，悉心教育青年、引导青年，尊重青年天性，照顾青年特点，关注青年所思、所忧、所盼，积极为青年创造人人努力成才、人人皆可成才、人人尽展其才的发展条件，为青年取得的成就和成绩点赞、喝彩，让青年英雄成为驱动中华民族加速迈向伟大复兴的蓬勃力量。

习近平指出，共青团要毫不动摇坚持党的领导，增强"四个意识"、坚定"四个自信"、做到"两个维护"，坚定不移走中国特色社会主义群团发展道路，不断保持和增强政治性、先进性、群众性，坚持把培养社会主义建设者和接班人作为根本任务，认真履行引领凝聚青年、组织动员青年、联系服务青年的职责，团结带领新时代中国青年在实现中华民族伟大复兴中国梦的进程中不断开拓创新、奋发有为。一切党政机关、企业事业单位，人民解放军和武警部队，各人民团体和社会团体，广大城乡基层自治组织，各新经济组织和新社会组织，都要关心青年成长、支持青年发展，给予青年更多机会，更好发挥青年作用。

习近平总书记的重要讲话，深切缅怀了五四先驱崇高的爱国情怀和革命精神，高度评价了五四运动的历史意义，明确提出了新时代发扬五四精神的重要要求，深情寄语当代青年。我们要认真学习领会、抓好贯彻落实，在实现"两个一百年"奋斗目标、实现中华民族伟大复兴中国梦的宏伟征程中，不断谱写无愧于前辈、无愧于时代、无愧于人民的壮丽篇章。

82. 亚洲文明对话大会

亚洲文明对话大会是继博鳌亚洲论坛之后，中国主要面向亚洲搭建的又一重要对话合作机制。

2019 年 5 月 15 日，亚洲文明对话大会在北京开幕，中华人民共和国国家主席习近平出席亚洲文明对话大会并发表主旨演讲。此次亚洲文明对话大会，聚焦亚洲文明交流互鉴与命运共同体的主题，旨在传承弘扬亚洲和世界各国璀璨辉煌的文明成果，搭建文明互学互鉴、共同发展的平台，增强亚洲文化自信，促进亚洲协作互信，凝聚亚洲发展共识，激发亚洲创新活力，为亚洲命运共同体和人类命运共同体建设提供精神支撑。

亚洲文明对话大会在广泛凝聚各方共识基础上，发布会议共识文件。同时，参加大会的中外机构签署一系列多边、双边倡议和协议，发布一批重大项目成果和研究报告，形成了一批推动文明交流互鉴的务实举措和合作成果，共 4 大类 26 项。一是发布《亚洲文明对话大会 2019 北京共识》。与会代表们一致认为，亚洲先辈们共同创造了璀璨的文明成果，亚洲人民应当树立起高度的文明自信，努力续写亚洲文明新的辉煌。举办亚洲文明对话大会，为促进亚洲乃至世界各国文明加强平等对话、交流互鉴、共同发展，提供了一个广阔新平台。不同文明之间应当相互尊重、包容互鉴，以多样共存超越文明优越，以和谐共生超越文明冲突，以交融共享超越文明隔阂，以繁荣共进超越文明固化。亚洲和国际社会应以本次大会为新的起点，开展更广泛、更深入的文明对话和文化交流合作，夯实共建亚洲命运共同体和人类命运共同体的人文、社会、民意基础。二是发起多边、双边合作倡议。中国将联合亚洲国家开展亚洲文化遗产保护行动，实施亚洲经典著作互译计划、亚洲影视交流合作计划和亚洲旅游促进计划。中国社科院会同有关国家智库推动"构建亚洲命运共同体智库伙伴关系"计划。中国国际发展知识中心与联合国教科文组织共同发起"增强年轻一代可持续发展意识的行动倡议"，共同打造"文化包容性国民教育基地"。广州市与亚洲各国驻穗领馆共同发起成立共建亚洲美食节主宾国联动机制，共同发布成立"亚洲美食文化产业发展战略联盟"倡议。三是签署多边、双边合作文件。中国教育部、中国联合国教科文组织全国委员会与联合国教科文组织签署《丝绸之路青年学者资助计划信托基金协议》。中国国家广播电视总局与亚洲太平洋广播联盟、新加坡资讯通信媒体发展局和阿根廷共和国联邦公共传媒管理总局，分别签署《中国国家广播电视总局与亚洲太平洋广播联盟合作框架协议》《中国国家广播电视总局与新加坡资讯通信媒体发展局关于电视和网络视听内容合作谅解备忘录》《中国国家广播电视总局与阿根廷共和国联邦公共传媒管理总局影视节目互播授权合作协议》。中国社科院与相关合作方签署《亚洲文明交流互鉴建设智库伙伴关系》意向书。成都市与"一带一路"东南亚非政府组织联盟等签署《亚洲美食文化联盟战略合作协议》。四是发布项目成果和研究报告。中国外文局发布《中国关键词：治国理政篇》多语种版、《亚洲在全球治理中的角色评估报告》（中英文）和《亚洲主要文明相互认知度调查报告》。中国文化和旅游部发布《亚洲旅游合作发展报告》。中国国家广播电视总局发布"亚洲网络视听传播政策对话与合作成果发布会"配套活动成果；举行中外合拍成果发布仪式，共发布20部中外合拍的纪录片、电视剧和动画片。中国社科院发布《"周边命运共同体"建设：挑战与未来——中外联合研究报告（英文版)》新书，发布《亚洲文明互鉴和人类命运共同体建设》研究报告。中国社科院会同有关国家智库开展首批多边联合研究项目，包括亚洲文明互鉴、人类命运共同体建设、"一带一路"与亚洲文明共同体建设等课题研究。中国国际发展知识中心与联合国教科文组织开展教育、文化、科技等领域的合作研究项目。

大会主要亮点是：第一，紧扣大会主题、回应"时代之问"。此次亚洲文明对话大会的主题是"亚洲文明交流互鉴与命运共同体"，大会紧紧围绕这个主题，顺应当前合作发展大势，承载各国人民对文明交流的愿望，就亚洲文明多样性和各文明之间交流互鉴进行深入研讨，以进一步探寻文明交流对构建人类命运共同体的重要意义和重要作用，进一步架构沟通各国人民民心相通的桥梁。第二，体现兼收并蓄、共同进步的文明理念。大会立足亚洲、面向世界，覆盖了亚洲的各个国家，又向世界各文明开放。这次大会邀请亚洲47个国家的代表与会，实现了对亚洲国家的全覆盖，这些代表既有来自文学、艺术、影视、文物等各个领域有影响的名家学者，还有包括智库、媒体、青年等不同界别的代表参会。大会还邀请了域外其他国家的代表参会，为不同文明之间相互交流、相互借鉴、共同进步搭建了一个平台。第三，展现丰富多彩、和谐相处的文明多样性。大会包括开幕式、平行分论坛、亚洲文化嘉年华、亚洲文明周活动这四大板块，涉及到相关的活动达110多项，充分展示亚洲文明的多彩魅力和中华文明的深厚底蕴，充分展示亚洲文明和世界文明的交流交融。第四，突出公众广泛参与的办会原则。始终坚持惠民导向，注重吸引公众更多参与，努力增强公众的参与感、体验感、获得感和幸福感。亚洲文化嘉年华和亚洲文明周系列活动推出多场公益讲座、广场演出和低票价的展演展览、电影场次，以满足公众精神文化生活新期待。

亚洲文明对话大会为促进亚洲及世界各国文明开展平等对话、交流互鉴、相互启迪提供了一个新的平台。在这个平台上，各种形式的合作走深走实，为推动文明交流互鉴创造更好条件。

83. 黄文秀用生命诠释初心与使命

黄文秀，1989 年生，2011 年 6 月加入中国共产党，2016 年 7 月毕业于北京师范大学，法学硕士，同年同月被录用为广西定向选调生，自愿回家乡广西百色老区工作，组织安排到中共百色市委宣传部工作，生前担任理论科副科长。曾挂任中共田阳县那满镇党委副书记；2018 年 3 月，黄文秀同志积极响应组织号召，主动报名前往乐业县新化镇百坭村担任党组织第一书记。她埋头苦干，带领 88 户 418 名贫困群众脱贫，全村贫困发生率下降 20% 以上。2019 年 6 月 17 日凌晨，她在从百色返回乐业途中遭遇山洪不幸遇难，献出了年仅 30 岁的宝贵生命。

中共中央总书记、国家主席、中央军委主席习近平对黄文秀同志先进事迹作出重要指示表示，黄文秀同志不幸遇难，令人痛惜，向她的家人表示亲切慰问。他强调，黄文秀同志研究生毕业后，放弃大城市的工作机会，毅然回到家乡，在脱贫攻坚第一线倾情投入、奉献自我，用美好青春诠释了共产党人的初心使命，谱写了新时代的青春之歌。广大党员干部和青年同志要以黄文秀同志为榜样，不忘初心、牢记使命，勇于担当、甘于奉献，在新时代的长征路上做出新的更大贡献。

"不忘初心、牢记使命"主题教育是在全党范围内开展的主题教育活动，是推动全党更加自觉地为实现新时代党的历史使命不懈奋斗的重要内容。2017 年 10 月 18 日，习近平总书记在十九大报告中指出，弘扬马克思主义学风，推进"两学一做"学习教育常态化制度化，以县处级以上领导干部为重点，在全党开展"不忘初心、牢记使命"主题教育，用党的创新理论武装头脑，推动全党更加自觉地为实现新时代党的历史使命不懈奋斗。2019 年 5 月 13 日，中共中央政治局召开会议，决定从 2019 年 6 月开始，在全党自上而下分两批开展"不忘初心、牢记使命"主题教育。会议强调，今年是中华人民共和国成立 70 周年，开展"不忘初心、牢记使命"主题教育，是以习近平同志为核心的党中央统揽伟大斗争、伟大工程、伟大事业、伟大梦想作出的重大部署，对我们党不断进行自我革命，团结带领人民在新时代把坚持和发展中国特色社会主义这场伟大社会革命推向前进，对统筹推进"五位一体"总体布局、协调推进"四个全面"战略布局，实现"两个一百年"奋斗目标、实现中华民族伟大复兴的中国梦，具有十分重大的意义。"不忘初心、牢记使命"主题教育是用新时代中国特色社会主义思想武装全党的迫切需要；推进新时代党的建设的迫切需要；保持党同人民群众血肉联系的迫切需要；实现党的十九大确定的目标任务的迫切需要。

"不忘初心、牢记使命"主题教育要坚持思想建党、理论强党，推动全党深入学习贯彻习近平新时代中国特色社会主义思想；要贯彻新时代党的建设总要求，同一切影响党的先进性、弱化党的纯洁性的问题作坚决斗争，努力把我们党建设得更加坚强有力；要坚持以人民为中心，把群众观点和群众路线深深植根于思想中、具体落实到行动上，不断巩固党执政的阶级基础和群众基础；要引导全党同志勇担职责使命，焕发干事创业的精气神，把党的十九大精神和党中央决策部署特别是全面建成小康社会各项任务落实到位。

开展"不忘初心、牢记使命"主题教育的根本任务是深入学习贯彻习近平新时代中国特色社会主义思想，锤炼忠诚干净担当的政治品格，团结带领全国各族人民为实现伟大梦想共同奋斗。主题教育的总要求是：守初心、担使命、找差距、抓落实。主题教育具体目标是：达到理论学习有收获、思想政治受洗礼、干事创业敢担当、为民服务解难题、清正廉洁作表率的目标。要将力戒形式主义、官僚主义作为主题教育重要内容，教育引导党员干部牢记党的宗旨，坚持实事求是的思想路线，树立正确政绩观，真抓实干，转变作风。要把学习教育、调查研究、检视问题、整改落实贯穿全过程。

开展"不忘初心、牢记使命"主题教育六项重点措施：一要结合实际，创造性开展工作，把学习教育、调查研究、检视问题、整改落实贯穿主题教育全过程，努力取得最好成效。二要强化理论武装，深入开展革命传统教育、形势政策教育、先进典型教育和警示教育，聚焦解决思想根子问题，自觉对表对标，增强学习教育针对性、实效性、感染力。三要教育引导广大党员干部了解民情、掌握实情，搞清楚问题是什么、症结在哪里，拿出破解难题的实招、硬招。四要教育党员干部以刀刃向内的自我革命精神，广泛听取意见，认真检视反思，把问题找实、把根源挖深，明确努力方向和改进措施，切实把问题解决好。五要把"改"字贯穿始终，立查立改、即知即改，能够当下改的，明确时限和要求，按期整改到位；一时解决不了的，要盯住不放，通过不断深化认识、增强自觉，明确阶段目标，持续整改。六要有针对性地列出需要整治的突出问题，进行集中治理。专项整治情况要以适当方式向党员干部群众进行通报，对专项整治中发现的违纪违法问题，要严肃查处。

开展"不忘初心、牢记使命"主题教育，要求各级党委（党组）要高度重视、精心组织，党委（党组）主要领导同志要履行第一责任人职责。领导机关、领导干部首先要抓好自身的教育，作出表率。要把开展主题教育同推进"两学一做"学习教育常态化制度化结合起来，同应对化解各种风险挑战、推动本地区本部门本单位的中心工作结合起来，防止"两张皮"。要以好的作风开展主题教育，坚决防止形式主义。要从领导干部自身素质提升、解决问题成效、群众评价反映等方面，评估主题教育效果。要健全完善制度，把主题教育中形成的好经验好做法用制度形式运用好、坚持好。

2019年5月31日，"不忘初心、牢记使命"主题教育工作会议在北京召开。中共中央总书记、国家主席、中央军委主席习近平出席会议并发表重要讲话，对全党开展这次主题教育进行动员部署。之后，"不忘初心、牢记使命"主题教育在党内有序展开。

2020年1月8日，"不忘初心、牢记使命"主题教育总结大会在北京召开。中共中央总书记、国家主席、中央军委主席习近平出席会议并发表重要讲话。习近平指出，在"不忘初心、牢记使命"主题教育中，各级党组织有力推动，广大党员、干部积极投入，人民群众热情支持，整个主题教育特点鲜明、扎实紧凑，达到了预期目的，取得了六方面的成果：一是各级党组织和广大党员、干部深入学习实践新时代中国特色社会主义思想，提高了知信行合一能力。二是各级党组织和广大党员、干部思想政治受到洗礼和锤炼，增强了守初心、担使命的思想自觉和行动自觉。三是各级党组织和广大党员、干部干事创业、担当作为的精气神得到提振，推动了改革发展稳定各项工作。四是各级党组织和广大党员、干部积极解决群众最急最忧最盼的问题，强化了宗旨意识和为民情怀。五是各级党组织和广大党员、干部深入进行清正廉洁教育，涵养了风清气正的政治生态。六是各级党组织和广大党员、干部重点抓突出问题专项整治，消除了一些可能动摇党的根基、阻碍党的事业的因素。这次主题教育，总结历次党内集中教育经验，对新时代开展党内集中教育进行了新探索、积累了新经验。习近平总书记强调，凡是过往，皆为序章。全党要以这次主题教育为新的起点，不断深化党的自我革命，持续推动全党不忘初心、牢记使命。

84. 保护母亲河

黄河流域是我国重要的生态屏障和重要的经济地带，是打赢脱贫攻坚战的重要区域，在我国经济社会发展和生态安全方面具有十分重要的地位。保护黄河是事关中华民族伟大复兴和永续发展的千秋大计。加强黄河治理保护，推动黄河流域高质量发展，积极支持流域省区打赢脱贫攻坚战，解决好流域人民群众特别是少数民族群众关心的防洪安全、饮水安全、生态安全等问题，对维护社会稳定、促进民族团结具有重要意义。

2019 年 9 月 18 日，习近平总书记在郑州主持召开黄河流域生态保护和高质量发展座谈会并发表重要讲话。在座谈会上，习近平提出一个重大国家战略：黄河流域生态保护和高质量发展。

黄河治理着眼五个方面：要坚持绿水青山就是金山银山的理念，坚持生态优先、绿色发展，以水而定、量水而行，因地制宜、分类施策，上下游、干支流、左右岸统筹谋划，共同抓好大保护，协同推进大治理，着力加强生态保护治理、保障黄河长治久安、促进全流域高质量发展、改善人民群众生活、保护传承弘扬黄河文化，让黄河成为造福人民的幸福河。第一，加强生态环境保护。第二，保障黄河长治久安。第三，推进水资源节约集约利用。第四，推动黄河流域高质量发展。第五，保护、传承、弘扬黄河文化。

要加强对黄河流域生态保护和高质量发展的领导，发挥我国社会主义制度集中力量干大事的优越性，牢固树立"一盘棋"思想，尊重规律，更加注重保护和治理的系统性、整体性、协同性，抓紧开展顶层设计，加强重大问题研究，着力创新体制机制，推动黄河流域生态保护和高质量发展迈出新的更大步伐。

2021 年 10 月 8 日，中共中央、国务院印发的《黄河流域生态保护和高质量发展规划纲要》发布，规划范围为黄河干支流流经的青海、四川、甘肃、宁夏、内蒙古、山西、陕西、河南、山东 9 省区相关县级行政区，国土面积约 130 万平方公里，2019 年末总人口约 1.6 亿，这是指导当前和今后一个时期黄河流域生态保护和高质量发展的纲领性文件。

85."北京大兴国际机场正式投运!"

2019 年 9 月 25 日,北京大兴国际机场正式投入运营。北京大兴国际机场位于中国北京市大兴区榆垡镇、礼贤镇和河北省廊坊市广阳区之间,北距天安门 46 千米、北距北京首都国际机场 67 千米、南距雄安新区 55 千米、西距北京南郊机场约 640 米(围场距离),为 4F级国际机场、世界级航空枢纽、国家发展新动力源。

2014 年 12 月 26 日,北京新机场项目开工建设;2018 年 9 月 14 日,北京新机场项目定名"北京大兴国际机场";2019 年 9 月 25 日,北京大兴国际机场正式通航。中共中央总书记、国家主席、中央军委主席习近平出席机场通航仪式,宣布:"北京大兴国际机场正式投运!"习近平强调,大兴国际机场能够在不到 5 年的时间里就完成预定的建设任务,顺利投入运营,充分展现了中国工程建筑的雄厚实力,充分体现了中国精神和中国力量,充分体现了中国共产党领导和我国社会主义制度能够集中力量办大事的政治优势。新中国 70 年何等辉煌!中国共产党领导中国人民实现了一个又一个"不可能",创造了一个又一个难以置信的奇迹。奇迹是干出来的,社会主义是干出来的。中国共产党和中国人民有雄心、有自信继续奋斗,朝着实现"两个一百年"奋斗目标、实现中华民族伟大复兴的中国梦奋勇前进。实践充分证明,中国人民一定能,中国一定行。

北京大兴国际机场工程建设难度世界少有,其航站楼是世界最大的减隔震建筑,建设了世界最大单块混凝土板。北京大兴国际机场创造了 40 余项国际、国内第一,技术专利 103 项,新工法 65 项,国产化率达98％以上。上千家施工单位，施工高峰期间5万余人同时作业，全过程保持了"安全生产零事故"，全面实现廉洁工程目标。北京大兴国际机场航站楼是世界首个实现高铁下穿的航站楼，双层出发车道边世界首创，有效保证了旅客进出机场效率。机场跑道在国内首次采用"全向型"布局，在航空器地面引导、低能见度条件运行等多方面运用世界领先航行新技术，确保了运行效率和品质。机场在全球枢纽机场中首次实现了场内通用车辆100％新能源，是中国国内可再生能源利用率最高的机场。

86. 第一座公铁两用跨海大桥

2019 年 9 月 25 日，随着重达 473 吨的钢桁梁完成精准联结，被桥梁专家称为"世界在建难度最大"平潭海峡公铁两用大桥鼓屿门航道桥成功合龙，标志着世界最长、中国第一座跨海峡公铁两用大桥贯通。

平潭海峡公铁大桥位于海坛海峡北口，南距平潭海峡大桥约 20 千米，线路北起福州市长乐区松下收费站，上跨元洪航道、鼓屿门水道、大小练岛水道，途经人屿岛、长屿岛、小练岛、大练岛，南至平潭县苏澳收费站。途经该桥公路为长乐—平潭高速公路，途经铁路为福平铁路。平潭海峡公铁大桥于 2013 年 11 月 13 日动工建设；于 2019 年 9 月 25 日完成全部桥梁合龙工程，大桥全线贯通；于 2020 年 10 月 1 日公路段通车试运营；于 2020 年 12 月 26 日铁路段通车运营。

平潭海峡公铁大桥开展科技攻关和专项技术研究，其技术创新主要为：1.优化创新施工方案。铁路节段梁提运架方案变更，一次实现两孔同步架设。同时变海上运输为台后直接运梁上桥模式，此外移动模架、高墩支架、塔吊作业、钢板桩围堰、挂篮施工、孤岛物资管理等各个方面均进行了有效的方案优化。2."双孔连做"节段拼装造桥技术。为适应大风环境，减少海上、高空作业风险，采用中国国内首创双孔连做节段拼装造桥机，节段从台后上桥进行节段梁施工，避免了节段梁海运，该方案一次过孔可同时架设两孔梁，减少过孔次数，降低了安全隐患；与原施工工期相比提前 6 个月完成架设，提高了施工工效，为中国国内双孔连做造桥机施工技术拉开序幕。3."可视化仿真" BIM 技术。大桥为跨海公铁合建，工序立体空间交叉，干扰大，物资通道繁忙，施工组织极为复杂，易发生窝工、停工问题。利用"可视化仿真"BIM技术，建立起桥梁施工结构的可视化三维模型，仿真模拟上部结构施工中存在的空间上的碰撞、时间上的冲突、环境因素的影响等，为科学预判及优化施工组织提供依据，确保上部结构施工组织安全、有序、高效。4. 突破规范限制工序作业条件。在有效施工天数不足120天的施工环境中，施工结构和设备抗台风设计，突破规范限制6级风停止工序作业的难题，对其重新界定，总原则为：挂篮走行、钢吊箱下放、吊装、造桥机及移动模架过孔作业风力小于7级；其他工序作业风力小于8级；大于9级风停止一切作业。5. 海上挂篮群。平潭海峡公铁跨海大桥为我国桥梁悬臂挂篮施工数量之最，被称为海上挂篮群。全桥连续梁施工共有103个T构，海上高峰期投入挂篮总数高达38套，选择了受大风影响小的三角挂篮，提高挂篮系统的稳定性，降低风荷载抖振。历时725天完成68个零号段，952个块段。6. 万吨高墩支架。针对处于大练岛上的山凹之间，形成的"穿堂风"的影响，在大练岛施工现场不同高度设置风速仪，实时监测不同高度风力，并对高墩公路梁现浇支架进行缩尺模型风洞试验—固定模型天平测力边界层风洞试验研究，通过试验对比，指导结构设计和现场施工。

平潭海峡公铁大桥是中国第一座真正意义上的公铁两用跨海大桥，是连接福州城区和平潭综合实验区的快速通道，远期规划可延长到台湾，对促进两岸经贸合作和文化交流等具有重要意义

87. 新中国成立 70 周年

1949 年 9 月 21 日，毛泽东同志在中国人民政治协商会议第一届全体会议上的开幕词中指出："我们有一个共同的感觉，这就是我们的工作将写在人类的历史上，它将表明：占人类总数四分之一的中国人从此站立起来了。"中华人民共和国的成立，标志着中国人从此站起来了，中国人民从此把命运牢牢掌握在自己手中，中国历史发展开启了新纪元。

新中国成立 70 年来，中国人民在中国共产党领导下浩然前行，书写了一部感天动地的奋斗史诗。70 年风云激荡，中华民族迎来了从站起来、富起来到强起来的伟大飞跃，正昂首阔步走在实现中华民族伟大复兴中国梦的征途上。历史见证了新中国的沧桑巨变，亦承载着接续前行的宝贵经验与迎接未来的光明希望。

2019 年 10 月 1 日上午，庆祝中华人民共和国成立 70 周年大会在北京天安门广场隆重举行，习近平等党和国家领导人来到天安门城楼主席台。习近平发表重要讲话。庆祝大会后，举行盛大的阅兵式和群众游行。

习近平发表重要讲话强调，70 年前的今天，毛泽东同志在这里向世界庄严宣告了中华人民共和国的成立，中国人民从此站起来了。这一伟大事件，彻底改变了近代以后 100 多年中国积贫积弱、受人欺凌的悲惨命运，中华民族走上了实现伟大复兴的壮阔道路。70 年来，全国各族人民同心同德、艰苦奋斗，取得了令世界刮目相看的伟大成就。今天，社会主义中国巍然屹立在世界东方，没有任何力量能够撼动我们伟大祖国的地位，没有任何力量能够阻挡中国人民和中华民族的前进步伐。

习近平要求，前进征程上，我们要坚持中国共产党领导，坚持人民主体地位，坚持中国特色社会主义道路，全面贯彻执行党的基本理论、基本路线、基本方略，不断满足人民对美好生活的向往，不断创造新的历史伟业。前进征程上，我们要坚持"和平统一、一国两制"的方针，保持香港、澳门长期繁荣稳定，推动海峡两岸关系和平发展，团结全体中华儿女，继续为实现祖国完全统一而奋斗。前进征程上，我们要坚持和平发展道路，奉行互利共赢的开放战略，继续同世界各国人民一道推动共建人类命运共同体。中国人民解放军和人民武装警察部队要永葆人民军队性质、宗旨、本色，坚决维护国家主权、安全、发展利益，坚决维护世界和平。

习近平指出，中国的昨天已经写在人类的史册上，中国的今天正在亿万人民手中创造，中国的明天必将更加美好。全党全军全国各族人民要更加紧密地团结起来，不忘初心、牢记使命，继续把我们的人民共和国巩固好、发展好，继续为实现"两个一百年"奋斗目标、实现中华民族伟大复兴的中国梦而努力奋斗！

88. 党的十九届四中全会

党的十九届四中全会是在新中国成立 70 周年之际，在"两个一百年"奋斗目标历史交汇点上，召开的一次具有开创性、里程碑意义的重要会议。

全会聚焦坚持和完善中国特色社会主义制度、推进国家治理体系和治理能力现代化这一主题。这次会议于 2019 年 10 月 28 日至 31 日在北京召开。出席这次全会的有，中央委员 202 人，候补中央委员 169 人。中央纪律检查委员会常务委员会委员和有关方面负责同志列席会议。党的十九大代表中的部分基层同志和专家学者也列席会议。全会听取和讨论了习近平受中央政治局委托作的工作报告，审议通过了《中共中央关于坚持和完善中国特色社会主义制度、推进国家治理体系和治理能力现代化若干重大问题的决定》。

全会提出，中国特色社会主义制度是党和人民在长期实践探索中形成的科学制度体系，我国国家治理一切工作和活动都依照中国特色社会主义制度展开，我国国家治理体系和治理能力是中国特色社会主义制度及其执行能力的集中体现。

中国共产党自成立以来，团结带领人民，坚持把马克思主义基本原理同中国具体实际相结合，赢得了中国革命胜利，并深刻总结国内外正反两方面经验，不断探索实践，不断改革创新，建立和完善社会主义制度，形成和发展党的领导和经济、政治、文化、社会、生态文明、军事、外事等各方面制度，加强和完善国家治理，取得历史性成就。党的十八大以来，我们党领导人民统筹推进"五位一体"总体布局、协调推进"四个全面"战略布局，推动中国特色社会主义制度更加完善、国家治理体系和治理能力现代化水平明显提高，为政治稳定、经济发展、文化繁荣、民族团结、人民幸福、社会安宁、国家统一提供了有力保障。实践证明，中国特色社会主义制度和国家治理体系是以马克思主义为指导、植根中国大地、具有深厚中华文化根基、深得人民拥护的制度和治理体系，是具有强大生命力和巨大优越性的制度和治理体系，是能够持续推动拥有近十四亿人口大国进步和发展、确保拥有五千多年文明史的中华民族实现"两个一百年"奋斗目标进而实现伟大复兴的制度和治理体系。

我国国家制度和国家治理体系具有多方面的显著优势，主要是：坚持党的集中统一领导，坚持党的科学理论，保持政治稳定，确保国家始终沿着社会主义方向前进的显著优势；坚持人民当家作主，发展人民民主，密切联系群众，紧紧依靠人民推动国家发展的显著优势；坚持全面依法治国，建设社会主义法治国家，切实保障社会公平正义和人民权利的显著优势；坚持全国一盘棋，调动各方面积极性，集中力量办大事的显著优势；坚持各民族一律平等，铸牢中华民族共同体意识，实现共同团结奋斗、共同繁荣发展的显著优势；坚持公有制为主体、多种所有制经济共同发展和按劳分配为主体、多种分配方式并存，把社会主义制度和市场经济有机结合起来，不断解放和发展社会生产力的显著优势；坚持共同的理想信念、价值理念、道德观念，弘扬中华优秀传统文化、革命文化、社会主义先进文化，促进全体人民在思想上精神上紧紧团结在一起的显著优势；坚持以人民为中心的发展思想，不断保障和改善民生、增进人民福祉，走共同富裕道路的显著优势；坚持改革创新、与时俱进，善于自我完善、自我发展，使社会充满生机活力的显著优势；坚持德才兼备、选贤任能，聚天下英才而用之，培养造就更多更优秀人才的显著优势；坚持党指挥枪，确保人民军队绝对忠诚于党和人民，有力保障国家主权、安全、发展利益的显著优势；坚持"一国两制"，保持香港、澳门长期繁荣稳定，促进祖国和平统一的显著优势；坚持独立自主和对外开放相统一，积极参与全球治理，为构建人类命运共同体不断作出贡献的显著优势。这些显著优势，是我们坚定中国特色社会主义道路自信、理论自信、制度自信、文化自信的基本依据。

要求坚持和完善党的领导制度体系，提高党科学执政、民主执政、依法执政水平。坚持和完善人民当家作主制度体系，发展社会主义民主政治。坚持和完善中国特色社会主义法治体系，提高党依法治国、依法执政能力。坚持和完善中国特色社会主义行政体制，构建职责明确、依法行政的政府治理体系。坚持和完善社会主义基本经济制度，推动经济高质量发展。坚持和完善繁荣发展社会主义先进文化的制度，巩固全体人民团结奋斗的共同思想基础。坚持和完善统筹城乡的民生保障制度，满足人民日益增长的美好生活需要。坚持和完善共建共治共享的社会治理制度，保持社会稳定、维护国家安全。坚持和完善生态文明制度体系，促进人与自然和谐共生。坚持和完善党对人民军队的绝对领导制度，确保人民军队忠实履行新时代使命任务。坚持和完善"一国两制"制度体系，推进祖国和平统一。坚持和完善独立自主的和平外交政策，推动构建人类命运共同体。坚持和完善党和国家监督体系，强化对权力运行的制约和监督。

全会强调，必须坚持以马克思列宁主义、毛泽东思想、邓小平理论、"三个代表"重要思想、科学发展观、习近平新时代中国特色社会主义思想为指导，增强"四个意识"，坚定"四个自信"，做到"两个维护"，坚持党的领导、人民当家作主、依法治国有机统一，坚持解放思想、实事求是，坚持改革创新，突出坚持和完善支撑中国特色社会主义制度的根本制度、基本制度、重要制度，着力固根基、扬优势、补短板、强弱项，构建系统完备、科学规范、运行有效的制度体系，加强系统治理、依法治理、综合治理、源头治理，把我国制度优势更好转化为国家治理效能，为实现"两个一百年"奋斗目标、实现中华民族伟大复兴的中国梦提供有力保证。

全会提出，坚持和完善中国特色社会主义制度、推进国家治理体系和治理能力现代化的总体目标是，到我们党成立一百年时，在各方面制度更加成熟更加定型上取得明显成效；到二〇三五年，各方面制度更加完善，基本实现国家治理体系和治理能力现代化；到新中国成立一百年时，全面实现国家治理体系和治理能力现代化，使中国特色社会主义制度更加巩固、优越性充分展现。

党的十九届四中全会审议通过了《中共中央关于坚持和完善中国特色社会主义制度、推进国家治理体系和治理能力现代化若干重大问题的决定》，全面总结了中国特色社会主义制度建设的历史性成就，集中概括了中国特色社会主义制度和国家治理体系的显著优势。聚焦坚持和完善支撑中国特色社会主义制度的根本制度、基本制度、重要制度，明确了各项制度必须坚持的根本点、完善和发展的方向，并作出工作部署。这一马克思主义的纲领性文献，着眼于坚持和巩固中国特色社会主义制度、确保党长期执政和国家长治久安，着眼于完善和发展中国特色社会主义制度、全面建设社会主义现代化国家，着眼于充分发挥中国特色社会主义制度优越性、推进国家治理体系和治理能力现代化，突出守正创新、开拓进取，突出系统集成、协同高效，体现了强烈的问题导向和鲜明的实践特色，彰显了中国特色社会主义制度自信。

《中共中央关于坚持和完善中国特色社会主义制度、推进国家治理体系和治理能力现代化若干重大问题的决定》，从党和国家事业发展的全局和长远出发，准确把握我国国家制度和国家治理体系的演进方向和规律，深刻回答了"坚持和巩固什么、完善和发展什么"这个重大政治问题，既阐明了必须牢牢坚持的重大制度和原则，又部署了推进制度建设的重大任务和举措，为坚持和完善中国特色社会主义制度、推进国家治理体系和治理能力现代化指明了努力方向，为我们推动各方面制度更加成熟更加定型明确了时间表、路线图。体现了总结历史和面向未来的统一、保持定力和改革创新的统一、问题导向和目标导向的统一，必将对推动各方面制度更加成熟更加定型、把我国制度优势更好转化为国家治理效能产生重大而深远的影响。

特别需要强调的是，坚持和完善中国特色社会主义制度、推进国家治理体系和治理能力现代化，是全党的一项重大战略任务。必须在党中央统一领导下进行，科学谋划、精心组织，远近结合、整体推进，才能确保所确定的各项目标任务全面落实到位。这就为今后坚持和完善党的领导，指明了方向和着力点，推动了党的建设新的伟大工程。

89. 澳门回归祖国 20 周年

1999 年 12 月 19 日下午 5 时，第 127 任澳督韦奇立在澳门总督府进行最后一次的降旗仪式，为政权移交仪式拉开序幕。下午 4 时 30 分，在亿万观众的见证之下，最后一任澳督韦奇立走出澳督府，迈出居住 8 年之久的澳督府。站在斜向门口的位置等待仪式开始。17 时，在澳门警察乐队所奏响的葡国国歌声中，葡国国旗从楼顶的旗杆处降下。随后降旗手将降下的葡萄牙国旗折叠好后送到韦奇立的手中，韦奇立接过国旗并紧紧抱在胸前，面向嘉宾再次致意，望着天空及澳督府仍挂着的葡萄牙国徽深深鞠躬后便离开澳督府。

1999 年 12 月 20 日零时，中国、葡萄牙两国政府在澳门文化中心举行政权交接仪式，国家主席江泽民宣告：中国政府对澳门恢复行使主权，澳门回归祖国。交接仪式后，举行了中华人民共和国澳门特别行政区成立暨特区政府宣誓就职仪式。

2019 年 12 月 18 日至 20 日，中共中央总书记、国家主席、中央军委主席习近平赴澳门，出席庆祝澳门回归祖国 20 周年大会暨澳门特别行政区第五届政府就职典礼，并视察澳门特别行政区。习近平主席站在实现中华民族伟大复兴的高度，深刻总结具有澳门特色的"一国两制"的成功实践，鲜明宣示中国人民维护国家主权、安全、发展利益的坚定决心，为我们不断开创"一国两制"事业新局面，创造港澳同胞更加美好的生活、实现中华民族伟大复兴的中国梦，注入了强大精神动力。

习近平指出，20 年前的今天，饱经沧桑的澳门回到祖国怀抱，中华人民共和国澳门特别行政区宣告成立，开启了澳门历史新纪元。20 年来，在中央政府和祖国内地大力支持下，在何厚铧、崔世安两位行政长官带领下，澳门特别行政区政府和社会各界人士同心协力，开创了澳门历史上最好的发展局面，谱写了具有澳门特色的"一国两制"成功实践的华彩篇章。

习近平指出，澳门回归祖国 20 年来，以宪法和澳门基本法为基础的宪制秩序牢固确立，治理体系日益完善。澳门特别行政区坚决维护中央全面管治权，正确行使高度自治权。顺利完成基本法第 23 条和国歌法等本地立法，成立特别行政区维护国家安全委员会，维护国家主权、安全、发展利益的宪制责任有效落实。行政、立法、司法机关严格依法履行职责，正确处理相互关系，自觉维护行政长官权威，确保以行政长官为核心的行政主导体制顺畅运行。特别行政区民主政制有序发展，澳门居民依法享有的广泛权利和自由得到充分保障。澳门回归祖国 20 年来，经济实现跨越发展，居民生活持续改善。"一中心、一平台、一基地"建设扎实推进，人均地区生产总值大幅增长，跃居世界第二。经济适度多元发展成效初显，会展、中医药、特色金融等新兴产业方兴未艾。参与共建"一带一路"和粤港澳大湾区建设取得积极进展。民生福利水平显著提升，免费教育、免费医疗、双层式社会保障等一系列政策惠及全社会，澳门居民获得感、幸福感越来越强。澳门回归祖国 20 年来，社会保持稳定和谐，多元文化交相辉映。回归前治安不靖的状况得到迅速扭转，澳门成为世界最安全的城市之一。政府和市民、不同界别、不同族群保持密切沟通，社会各界理性表达各种诉求，形成良好协调机制。中华文化传承光大，多元文化异彩纷呈。

习近平强调，澳门回归祖国 20 年来取得的成就举世瞩目。澳门地方虽小，但在"一国两制"实践中作用独特。总结澳门"一国两制"成功实践，可以获得以下 4 点重要经验。第一，始终坚定"一国两制"制度自信。澳门的成功实践告诉我们，只要对"一国两制"坚信而笃行，"一国两制"的生命力和优越性就会充分显现出来。第二，始终准确把握"一国两制"正确方向。澳门的成功实践告诉我们，确保"一国两制"实践不变形、不走样，才能推动"一国两制"事业行得稳、走得远。第三，始终强化"一国两制"使命担当。澳门的成功实践告诉我们，当家作主的澳门同胞完全能够担负起时代重任，把特别行政区管理好、建设好、发展好。第四，始终筑牢"一国两制"社会政治基础。澳门的成功实践告诉我们，不断巩固和发展同"一国两制"实践相适应的社会政治基础，在爱国爱澳旗帜下实现最广泛的团结，是"一国两制"始终沿着正确轨道前进的根本保障。

习近平强调，"一国两制"事业任重道远。面对世界百年未有之大变局，面对澳门内外环境新变化，澳门特别行政区新一届政府和社会各界要站高望远、居安思危，守正创新、务实有为，在已有成就的基础上推动澳门特别行政区各项建设事业跃上新台阶。20世纪80年代初，邓小平同志等老一辈领导人提出"一国两制"伟大构想时，就坚信这个方针是对头的，是行得通、办得到、得人心的。30多年来，"一国两制"实践取得的成功举世公认。当然，"一国两制"的制度体系也要在实践中不断加以完善。我们坚信，包括港澳同胞在内的中国人民完全有智慧、有能力把"一国两制"实践发展得更好，把"一国两制"制度体系完善得更好，把特别行政区治理得更好。中华民族伟大复兴的前进步伐势不可挡，香港、澳门与祖国内地同发展、共繁荣的道路必将越走越宽广！

90. 爱国卫生运动

新中国成立以来，爱国卫生运动一直是我国防控疫病的重要法宝。爱国卫生运动是我们党把群众路线运用于卫生防病工作的成功实践，是贯彻预防为主方针的伟大创举。

党的十八大以来，习近平总书记多次强调要开展爱国卫生运动。坚持开展爱国卫生运动，对于增进人民健康福祉、推进健康中国建设具有重要意义。当前，我国工业化、城镇化、人口老龄化互相叠加，疾病谱、生态环境、生活方式不断变化。面对多种健康影响因素相互交织，特别是突发急性传染病传播迅速、波及范围广、危害巨大的复杂形势，我们要继承和发扬爱国卫生运动优良传统，充分发挥爱国卫生运动的制度优势、组织优势、文化优势和群众优势，不断探索新举措，进一步提高全民健康水平。

2020年6月2日下午，习近平总书记在主持召开专家学者座谈会时指出，爱国卫生运动是我们党把群众路线运用于卫生防病工作的成功实践。新冠肺炎疫情发生以来，习近平总书记在多次重要讲话中强调，要大力开展爱国卫生运动。为深入贯彻习近平总书记关于爱国卫生工作的重要指示精神，落实党中央、国务院决策部署，继承和发扬爱国卫生运动优良传统，充分发挥爱国卫生运动的制度优势、组织优势、文化优势和群众优势，将爱国卫生运动与传染病、慢性病防控等紧密结合，全面改善人居环境，加快形成文明健康、绿色环保的生活方式，有效保障人民群众健康，国务院制定和印发了《关于深入开展爱国卫生运动的意见》。

《意见》指出，要以习近平新时代中国特色社会主义思想为指导，全面贯彻党的十九大和十九届二中、三中、四中、五中全会精神，坚持以人民健康为中心，政府主导、跨部门协作、全社会动员，预防为主、群防群控，丰富工作内涵，创新方式方法，总结推广新冠肺炎疫情防控中的有效经验做法，突出问题和结果导向，强化大数据应用和法治化建设，着力改善人居环境，有效防控传染病和慢性病，提高群众健康素养和全民健康水平，为实现健康中国目标奠定坚实基础。

《意见》明确，通过深入开展爱国卫生运动，实现公共卫生设施不断完善，城乡环境面貌全面改善，文明健康、绿色环保的生活方式广泛普及，卫生城镇覆盖率持续提升，健康城市建设深入推进，健康细胞建设广泛开展，爱祖国、讲卫生、树文明、重健康的浓厚文化氛围普遍形成，爱国卫生运动传统深入全民，从部门到地方、从社会到个人、全方位多层次推进爱国卫生运动的整体联动新格局基本建立，社会健康综合治理能力全面提高的总体目标。

《意见》从四个方面部署了深入开展爱国卫生运动的重点工作任务。一是完善公共卫生设施，改善城乡人居环境。以重点场所、薄弱环节为重点，全面推进城乡环境卫生综合整治，补齐公共卫生环境短板。加快垃圾污水治理，全面推进厕所革命，切实保障饮用水安全，强化病媒生物防制。二是开展健康知识科普，倡导文明健康、绿色环保的生活方式。培养文明卫生习惯，推广不随地吐痰、室内经常通风、科学佩戴口罩、注重咳嗽礼仪等好习惯。倡导自主自律健康生活，践行绿色环保生活理念，促进群众心理健康。三是加强社会健康管理，协同推进健康中国建设。大力推进卫生城镇创建，全面开展健康城市建设，加快健康细胞建设。四是创新工作方式方法，提升科学管理水平。加强法治化保障，强化社会动员，加强政策研究和技术支撑。

《意见》强调，要加强组织领导和工作保障，把爱国卫生工作列入政府重要议事日程，纳入政府绩效考核指标，进一步强化爱国卫生工作体系建设，在部门设置、职能调整、人员配备、经费投入等方面予以保障。要加强宣传引导，全方位、多层次宣传爱国卫生运动，主动接受社会和群众监督，及时回应社会关切。要加强国际合作，讲好爱国卫生运动的中国故事，不断促进爱国卫生运动深入开展。

91. 火神祝融登陆火星

祝融号，为天问一号任务火星车。高度有 1 米 85，重量达到 240 公斤左右。设计寿命为 3 个火星月，相当于约 92 个地球日。祝融在中国传统文化中被尊为最早的火神，象征着我们的祖先用火照耀大地，带来光明。首辆火星车命名为"祝融"，寓意点燃我国星际探测的火种，指引人类对浩瀚星空、宇宙未知的接续探索和自我超越。

天问一号是由中国航天科技集团公司下属中国空间技术研究院总研制的探测器，负责执行中国第一次自主火星探测任务。天问一号于 2020 年 7 月 23 日在文昌航天发射场由长征五号遥四运载火箭发射升空，成功进入预定轨道。

天问一号于 2021 年 2 月到达火星附近，实施火星捕获。2021 年 5 月择机实施降轨，着陆巡视器与环绕器分离，软着陆火星表面，火星车驶离着陆平台，开展巡视探测等工作，对火星的表面形貌、土壤特性、物质成分、水冰、大气、电离层、磁场等科学探测，实现中国在深空探测领域的技术跨越。深空探测将推动空间科学、空间技术、空间应用全面发展，为服务国家发展大局和增进人类福祉作出更大贡献。

2021 年 6 月 11 日，中国国家航天局举行了天问一号探测器着陆火星首批科学影像图揭幕仪式，公布了由祝融号火星车拍摄的着陆点全景、火星地形地貌、"中国印迹"和"着巡合影"等影像图。首批科学影像图的发布，标志着中国首次火星探测任务取得圆满成功。6 月 27 日，国家航天局发布中国天问一号火星探测任务着陆和巡视探测系列实拍影像。其中，祝融号火星车火星表面移动过程视频是人类首次获取火星车在火星表面的移动过程影像。2021 年 11 月 8 日，天问一号环绕器成功实施第五次近火制动，准确进入遥感使命轨道，开展火星全球遥感探测。截至 2022 年 2 月 4 日，天问一号在轨运行561 天，天问一号从火星祝贺北京冬奥会盛大开幕。

天问一号任务成功是中国航天事业自主创新，跨越发展的标志性成就。在中国航天发展史上，天问一号任务实现了 6 个首次，一是首次实现地火转移轨道探测器发射；二是首次实现行星际飞行；三是首次实现地外行星软着陆；四是首次实现地外行星表面巡视探测；五是首次实现 4 亿公里距离的测控通信；六是首次获取第一手的火星科学数据。在世界航天史上，天问一号不仅在火星上首次留下中国人的印迹，而且首次成功实现了通过一次任务完成火星环绕、着陆和巡视三大目标，充分展现了中国航天人的智慧，标志着中国在行星探测领域跨入世界先进行列。

92. 抗击新冠肺炎疫情

2020年9月8日上午10时，全国抗击新冠肺炎疫情表彰大会在北京人民大会堂隆重举行。中共中央总书记、国家主席、中央军委主席习近平向国家勋章和国家荣誉称号获得者颁授勋章奖章并发表重要讲话。

2020年，一场骤然袭来的大疫，以如此刻骨铭心的方式，植入中华民族的记忆深处。新冠肺炎疫情是百年来全球发生的最严重的传染病大流行，是新中国成立以来我国遭遇的传播速度最快、感染范围最广、防控难度最大的重大突发公共卫生事件。在中国共产党领导下，我们用1个多月的时间初步遏制疫情蔓延势头，用2个月左右的时间将本土每日新增病例控制在个位数以内，用3个月左右的时间取得武汉保卫战、湖北保卫战的决定性成果，进而又接连打了几场局部地区聚集性疫情歼灭战，夺取了全国抗疫斗争重大战略成果。

2020年新冠肺炎疫情发生后，党中央高度重视，习近平总书记亲自指挥、亲自部署，坚持把人民生命安全和身体健康放在第一位，领导全党全国各族人民打好疫情防控的人民战争、总体战、阻击战。经过艰苦卓绝的努力，疫情防控取得重大战略成果，统筹疫情防控和经济社会发展工作取得重大成果。习近平总书记在全国抗击新冠肺炎疫情表彰大会上指出："我们党团结带领全国各族人民，进行了一场惊心动魄的抗疫大战，经受了一场艰苦卓绝的历史大考，付出巨大努力，取得抗击新冠肺炎疫情斗争重大战略成果，创造了人类同疾病斗争史上又一个英勇壮举！"

面对突如其来的严重疫情，党中央统揽全局、果断决策，以非常之举应对非常之事；面对突如其来的严重疫情，中国人民风雨同舟、众志成城，构筑起疫情防控的坚固防线；面对突如其来的严重疫情，广大医务人员白衣为甲、逆行出征，舍生忘死挽救生命；面对突如其来的严重疫情，我们统筹兼顾、协调推进，经济发展稳定转好，生产生活秩序稳步恢复；面对突如其来的严重疫情，中国同世界各国携手合作、共克时艰，为全球抗疫贡献了智慧和力量。

抗疫斗争取得的胜利充分展现了中国共产党领导和我国社会主义制度的显著优势，充分展现了中国人民和中华民族的伟大力量，充分展现了中华文明的深厚底蕴，充分展现了中国负责任大国的自觉担当，极大增强了全党全国各族人民的自信心和自豪感、凝聚力和向心力，必将激励我们在新时代新征程上披荆斩棘、奋勇前进。

在全国抗击新冠肺炎疫情表彰大会上，习近平总书记用"生命至上、举国同心、舍生忘死、尊重科学、命运与共"这二十个字生动论述伟大抗疫精神。生命至上，集中体现了中国人民深厚的仁爱传统和中国共产党人以人民为中心的价值追求。"爱人利物之谓仁。"疫情无情人有情。人的生命是最宝贵的，生命只有一次，失去不会再来。在保护人民生命安全面前，我们必须不惜一切代价，我们也能够做到不惜一切代价，因为中国共产党的根本宗旨是全心全意为人民服务，我们的国家是人民当家作主的社会主义国家。我们果断关闭离汉离鄂通道，实施史无前例的严格管控。作出这一决策，需要巨大的政治勇气，需要果敢的历史担当。为了保护人民生命安全，我们什么都可以豁得出来！

举国同心，集中体现了中国人民万众一心、同甘共苦的团结伟力。面对生死考验，面对长时间隔离带来的巨大身心压力，广大人民群众生死较量不畏惧、千难万险不退缩，或向险而行，或默默坚守，以各种方式为疫情防控操心出力。

舍生忘死，集中体现了中国人民敢于压倒一切困难而不被任何困难所压倒的顽强意志。危急时刻，又见遍地英雄。各条战线的抗疫勇士临危不惧、视死如归，困难面前豁得出、关键时刻冲得上，以生命赴使命，用大爱护众生。面对疫情，中国人民没有被吓倒，而是用明知山有虎、偏向虎山行的壮举，书写下可歌可泣、荡气回肠的壮丽篇章！中华民族能够经历无数灾厄仍不断发展壮大，从来都不是因为有救世主，而是因为在大灾大难前有千千万万个普通人挺身而出、慷慨前行！

尊重科学，集中体现了中国人民求真务实、开拓创新的实践品格。面对前所未知的新型传染性疾病，我们秉持科学精神、科学态度，把遵循科学规律贯穿到决策指挥、病患治疗、技术攻关、社会治理各方面全过程。在没有特效药的情况下，实行中西医结合，先后推出八版全国新冠肺炎诊疗方案，筛选出"三药三方"等临床有效的中药西药和治疗办法，被多个国家借鉴和使用。无论是抢建方舱医院，还是多条技术路线研发疫苗；无论是开展大规模核酸检测、大数据追踪溯源和健康码识别，还是分区分级差异化防控、有序推进复工复产，都是对科学精神的尊崇和弘扬，都为战胜疫情提供了强大科技支撑！

命运与共，集中体现了中国人民和衷共济、爱好和平的道义担当。大道不孤，大爱无疆。我们秉承"天下一家"的理念，不仅对中国人民生命安全和身体健康负责，也对全球公共卫生事业尽责。我们发起了新中国成立以来援助时间最集中、涉及范围最广的紧急人道主义行动，为全球疫情防控注入源源不断的动力，充分展示了讲信义、重情义、扬正义、守道义的大国形象，生动诠释了为世界谋大同、推动构建人类命运共同体的大国担当！

93. 2035 年远景目标

中国共产党第十九届中央委员会第五次全体会议，于 2020 年 10 月 26 日至 29 日在北京举行。全会由中央政治局主持。除中央委员、候补中央委员外，中央纪律检查委员会常务委员会委员和有关方面负责同志列席会议，党的十九大代表中的部分基层同志和专家学者也列席会议。全会听取和讨论了习近平总书记受中央政治局委托作的工作报告。全会审议通过了《中共中央关于制定国民经济和社会发展第十四个五年规划和二〇三五年远景目标的建议》，习近平总书记就《建议（讨论稿)》向全会作了说明。全会结束时，习近平总书记发表了重要讲话。

全会充分肯定党的十九届四中全会以来中央政治局的工作。一致认为，一年来，中央政治局高举中国特色社会主义伟大旗帜，坚持以马克思列宁主义、毛泽东思想、邓小平理论、"三个代表"重要思想、科学发展观、习近平新时代中国特色社会主义思想为指导，全面贯彻党的十九大和十九届二中、三中、四中全会精神，增强"四个意识"、坚定"四个自信"、做到"两个维护"，统筹推进"五位一体"总体布局，协调推进"四个全面"战略布局，坚持稳中求进工作总基调，坚持新发展理念，坚定不移推进改革开放，沉着有力应对各种风险挑战，统筹新冠肺炎疫情防控和经济社会发展工作，把人民生命安全和身体健康放在第一位，把握扩大内需这个战略基点，深化供给侧结构性改革，加大宏观政策应对力度，扎实做好"六稳"工作、全面落实"六保"任务，坚决维护国家主权、安全、发展利益，疫情防控工作取得重大战略成果，三大攻坚战扎实推进，经济增长好于预期，人民生活得到有力保障，社会大局保持稳定，中国特色大国外交积极推进，党和国家各项事业取得新的重大成就。

全会提出了到2035年基本实现社会主义现代化远景目标，这就是：我国经济实力、科技实力、综合国力将大幅跃升，经济总量和城乡居民人均收入将再迈上新的大台阶，关键核心技术实现重大突破，进入创新型国家前列；基本实现新型工业化、信息化、城镇化、农业现代化，建成现代化经济体系；基本实现国家治理体系和治理能力现代化，人民平等参与、平等发展权利得到充分保障，基本建成法治国家、法治政府、法治社会；建成文化强国、教育强国、人才强国、体育强国、健康中国，国民素质和社会文明程度达到新高度，国家文化软实力显著增强；广泛形成绿色生产生活方式，碳排放达峰后稳中有降，生态环境根本好转，美丽中国建设目标基本实现；形成对外开放新格局，参与国际经济合作和竞争新优势明显增强；人均国内生产总值达到中等发达国家水平，中等收入群体显著扩大，基本公共服务实现均等化，城乡区域发展差距和居民生活水平差距显著缩小；平安中国建设达到更高水平，基本实现国防和军队现代化；人民生活更加美好，人的全面发展、全体人民共同富裕取得更为明显的实质性进展。

全会号召，全党全国各族人民要紧密团结在以习近平同志为核心的党中央周围，同心同德，顽强奋斗，夺取全面建设社会主义现代化国家新胜利！

94. 深圳经济特区建立40周年

1980年8月26日，全国人大常委会批准在深圳设置经济特区，现在，该天也被世人亲切的称为"深圳生日"。

广东省深圳经济特区是中国最早实行对外开放的四个经济特区之一。深圳位于广东省的东南部沿海，东起大鹏湾边的梅沙，西至深圳湾畔的蛇口工业区，总面积327.5平方公里，2010年延伸到全市，2011年延伸至深汕特别合作区。2020年10月14日上午，深圳经济特区建立40周年庆祝大会在广东省深圳市隆重举行。习近平等党和国家领导人出席。

习近平代表党中央、国务院和中央军委，向经济特区广大建设者，向所有为经济特区建设作出贡献的同志们，致以诚挚的问候！向各位来宾，向关心和支持经济特区建设的国内外各界人士，表示衷心的感谢！

习近平指出，深圳是改革开放后党和人民一手缔造的崭新城市，是中国特色社会主义在一张白纸上的精彩演绎。40年来，深圳奋力解放和发展社会生产力，大力推进科技创新，实现了由一座落后的边陲小镇到具有全球影响力的国际化大都市的历史性跨越；坚持解放思想、与时俱进，率先进行市场取向的经济体制改革，实现了由经济体制改革到全面深化改革的历史性跨越；坚持实行"引进来"和"走出去"，积极利用国际国内两个市场、两种资源，积极吸引全球投资，实现了由进出口贸易为主到全方位高水平对外开放的历史性跨越；坚持发展社会主义民主政治，尊重人民主体地位，加强社会主义精神文明建设，积极培育和践行社会主义核心价值观，实现了由经济开发到统筹社会主义物质文明、政治文明、精神文明、社会文明、生态文明发展的历史性跨越；坚持以人民为中心，人民生活水平大幅提高，教育、医疗、住房等实现翻天覆地的变化，率先完成全面建成小康社会的目标，实现了由解决温饱到高质量全面小康的历史性跨越。深圳等经济特区的成功实践充分证明，党中央关于兴办经济特区的战略决策是完全正确的。经济特区不仅要继续办下去，而且要办得更好、办得水平更高。

习近平强调，深圳等经济特区40年改革开放实践积累了宝贵经验，深化了我们对中国特色社会主义经济特区建设规律的认识。一是必须坚持党对经济特区建设的领导，始终保持经济特区建设正确方向。二是必须坚持和完善中国特色社会主义制度，通过改革实践推动中国特色社会主义制度更加成熟更加定型。三是必须坚持发展是硬道理，坚持敢闯敢试、敢为人先，以思想破冰引领改革突围。四是必须坚持全方位对外开放，不断提高"引进来"的吸引力和"走出去"的竞争力。五是必须坚持创新是第一动力，在全球科技革命和产业变革中赢得主动权。六是必须坚持以人民为中心的发展思想，让改革发展成果更多更公平惠及人民群众。七是必须坚持科学立法、严格执法、公正司法、全民守法，使法治成为经济特区发展的重要保障。八是必须践行绿水青山就是金山银山的理念，实现经济社会和生态环境全面协调可持续发展。九是必须全面准确贯彻"一国两制"基本方针，促进内地与香港、澳门融合发展、相互促进。十是必须坚持在全国一盘棋中更好发挥经济特区辐射带动作用，为全国发展作出贡献。

习近平指出，当今世界正经历百年未有之大变局，我国正处于实现中华民族伟大复兴的关键时期，经济已由高速增长阶段转向高质量发展阶段。深圳要建设好中国特色社会主义先行示范区，创建社会主义现代化强国的城市范例，提高贯彻落实新发展理念能力和水平，形成全面深化改革、全面扩大开放新格局，推进粤港澳大湾区建设，丰富"一国两制"事业发展新实践,率先实现社会主义现代化。第一,坚定不移贯彻新发展理念。要坚持供给侧结构性改革这条主线,坚定不移实施创新驱动发展战略,加大基础研究和应用基础研究投入力度,培育新动能,提升新势能。要大力发展现代服务业,提升服务业发展能级和竞争力。要实施更加开放的人才政策,聚天下英才而用之。第二,与时俱进全面深化改革。党中央经过深入研究,支持深圳实施综合改革试点,以清单批量授权方式赋予深圳在重要领域和关键环节改革上更多自主权。深圳经济特区要扛起责任,牢牢把握正确方向,努力在重要领域推出一批重大改革措施。第三,锐意开拓全面扩大开放。要优化升级生产、分配、流通、消费体系,增强畅通国内大循环和联通国内国际双循环的功能,加快推进规则标准等制度型开放,率先建设更高水平开放型经济新体制。要加强同"一带一路"沿线国家和地区开展多层次、多领域的务实合作。第四,创新思路推动城市治理体系和治理能力现代化。要树立全周期管理意识,加快推动城市治理体系和治理能力现代化,努力走出一条符合超大型城市特点和规律的治理新路子。第五,真抓实干践行以人民为中心的发展思想。要拿出更多改革创新举措,把就业、教育、医疗、社保、住房、养老、食品安全、生态环境、社会治安等问题一个一个解决好,努力让人民群众的获得感成色更足、幸福感更可持续、安全感更有保障。要尊重人民群众首创精神,不断从人民群众中汲取经济特区发展的创新创造活力。第六,积极作为深入推进粤港澳大湾区建设。要抓住粤港澳大湾区建设重大历史机遇,推动三地经济运行的规则衔接、机制对接,提升市场一体化水平。要继续鼓励引导港澳台同胞和海外侨胞充分发挥投资兴业、双向开放的重要作用,在经济特区发展中作出新贡献。

习近平强调,一花独放不是春,百花齐放春满园。我们坚定不移奉行互利共赢的开放战略,既从世界汲取发展动力,也让中国发展更好惠及世界。经济特区建设 40 年的实践离不开世界各国的共同参与,也为各国创造了广阔的发展空间、分享了发展利益。欢迎世界各国更多地参与中国经济特区的改革开放发展，构建共商共建共享共赢新格局。

习近平指出，经济特区处于改革开放最前沿，加强党的全面领导和党的建设有着更高要求。要深入贯彻新时代党的建设总要求，以改革创新精神在加强党的全面领导和党的建设方面率先示范。广大党员、干部要坚定理想信念、更新知识观念、掌握过硬本领，自觉站在党和国家大局上想问题、办事情。要激发党员、干部干事创业的热情和劲头。要持之以恒正风肃纪，坚定不移惩治腐败，坚决反对形式主义、官僚主义，营造风清气正的良好政治生态。

习近平强调，中国特色社会主义是物质文明和精神文明全面发展的社会主义。经济特区要坚持"两手抓、两手都要硬"，在物质文明建设和精神文明建设上都要交出优异答卷。要加强理想信念教育，培育和践行社会主义核心价值观，弘扬以爱国主义为核心的民族精神和以改革创新为核心的时代精神，继续发扬敢闯敢试、敢为人先、埋头苦干的特区精神，教育引导广大干部群众特别是青少年坚定中国特色社会主义道路自信、理论自信、制度自信、文化自信。要深入开展群众性精神文明创建活动，不断提升人民文明素养和社会文明程度。

95. 正当其时，十分必要的大事：党史学习教育

2013 年 6 月 25 日，习近平总书记在主持中央政治局第七次集体学习时强调，历史是最好的教科书。学习党史、国史，是坚持和发展中国特色社会主义、把党和国家各项事业继续推向前进的必修课。这门功课不仅必修，而且必须修好。

2021 年 2 月 1 日下午，习近平在人民大会堂同各民主党派中央、全国工商联负责人和无党派人士代表欢聚一堂，共迎佳节。习近平指出，中共中央决定，2021 年在全党开展中共党史学习教育，激励全党不忘初心、牢记使命，在新时代不断加强党的建设。各民主党派和无党派人士要结合庆祝中国共产党成立 100 周年，全面回顾同中国共产党团结合作的奋斗历程，发扬光荣传统，坚守合作初心，加强自身建设。

2021 年 2 月 20 日，党史学习教育动员大会在北京召开。习近平总书记深刻阐述了开展党史学习教育的重大意义。他强调，在全党开展党史学习教育，是党中央立足党的百年历史新起点、统筹中华民族伟大复兴战略全局和世界百年未有之大变局、为动员全党全国满怀信心投身全面建设社会主义现代化国家而作出的重大决策。全党同志要做到学史明理、学史增信、学史崇德、学史力行，学党史、悟思想、办实事、开新局，以昂扬姿态奋力开启全面建设社会主义现代化国家新征程，以优异成绩迎接建党一百周年。

习近平强调，我们党历来重视党史学习教育，注重用党的奋斗历程和伟大成就鼓舞斗志、明确方向，用党的光荣传统和优良作风坚定

信念、凝聚力量，用党的实践创造和历史经验启迪智慧、砥砺品格。党的十八大以来，党中央高度重视学习党的历史，提出了一系列要求。在庆祝我们党百年华诞的重大时刻，在"两个一百年"奋斗目标历史交汇的关键节点，在全党集中开展党史学习教育，正当其时，十分必要。习近平指出，我们党的一百年，是矢志践行初心使命的一百年，是筚路蓝缕奠基立业的一百年，是创造辉煌开辟未来的一百年。回望过往的奋斗路，眺望前方的奋进路，必须把党的历史学习好、总结好，把党的成功经验传承好、发扬好。在全党开展党史学习教育，是牢记初心使命、推进中华民族伟大复兴历史伟业的必然要求，是坚定信仰信念、在新时代坚持和发展中国特色社会主义的必然要求，是推进党的自我革命、永葆党的生机活力的必然要求。

关于这次教育的重点，习近平总书记提出了六个"教育引导"：

教育引导全党从党的非凡历程中领会马克思主义是如何深刻改变中国、改变世界的，感悟马克思主义的真理力量和实践力量，深化对中国化马克思主义既一脉相承又与时俱进的理论品质的认识，特别是要结合党的十八大以来党和国家事业取得历史性成就、发生历史性变革的进程，深刻学习领会新时代党的创新理论，坚持不懈用党的创新理论最新成果武装头脑、指导实践、推动工作。

教育引导全党胸怀中华民族伟大复兴战略全局和世界百年未有之大变局，树立大历史观，从历史长河、时代大潮、全球风云中分析演变机理、探究历史规律，提出因应的战略策略，增强工作的系统性、预见性、创造性。

教育引导全党深刻认识党的性质宗旨，坚持一切为了人民、一切依靠人民，始终把人民放在心中最高位置、把人民对美好生活的向往作为奋斗目标，推动改革发展成果更多更公平惠及全体人民，推动共同富裕取得更为明显的实质性进展，把14亿中国人民凝聚成推动中华民族伟大复兴的磅礴力量。

教育引导全党通过总结历史经验教训，着眼于解决党的建设的现实问题，不断提高党的领导水平和执政水平、增强拒腐防变和抵御风险能力。

教育引导全党大力发扬红色传统、传承红色基因，赓续共产党人精神血脉，始终保持革命者的大无畏奋斗精神，鼓起迈进新征程、奋进新时代的精气神。

教育引导全党从党史中汲取正反两方面历史经验，坚定不移向党中央看齐，不断提高政治判断力、政治领悟力、政治执行力，自觉在思想上政治上行动上同党中央保持高度一致，确保全党上下拧成一股绳，心往一处想、劲往一处使。

习近平总书记对党史学习教育进行了全面动员和部署，为我们开展好党史学习教育指明了方向，提供了根本遵循。

一是要加强组织领导，各级党委（党组）要承担主体责任，主要领导同志要亲自抓、率先垂范，成立领导机构，切实把党中央部署和要求落到实处。中央党史学习教育领导小组要加强指导，省区市党委和行业系统主管部门党组（党委）要加强对所属地区、部门和单位的督导检查。党员、干部不管处在哪个层次和岗位，都要全身心投入，做到学有所思、学有所悟、学有所得。

二是要树立正确党史观，要坚持以我们党关于历史问题的两个决议和党中央有关精神为依据，准确把握党的历史发展的主题主线、主流本质，正确认识和科学评价党史上的重大事件、重要会议、重要人物。要旗帜鲜明反对历史虚无主义，加强思想引导和理论辨析，更好正本清源、固本培元。

三是要切实为群众办实事解难题，要把学习党史同总结经验、观照现实、推动工作结合起来，同解决实际问题结合起来，开展好"我为群众办实事"实践活动，把学习成效转化为工作动力和成效，防止学习和工作"两张皮"。

四是要注重方式方法创新，要发扬马克思主义优良学风，明确学习要求、学习任务，推进内容、形式、方法的创新，不断增强针对性和实效性。要以县处级以上领导干部为重点，坚持集中学习和自主学习相结合，坚持规定动作和自选动作相结合，开展特色鲜明、形式多样的学习教育。要在全社会广泛开展党史、新中国史、改革开放史、社会主义发展史宣传教育，普及党史知识，推动党史学习教育深入群众、深入基层、深入人心。要鼓励创作党史题材的文艺作品特别是影视作品，抓好青少年学习教育，让红色基因、革命薪火代代传承。要坚决克服形式主义、官僚主义，注意为基层减负。

2021年12月24日，党史学习教育总结会议在京召开。习近平强调，要认真总结这次党史学习教育的成功经验，建立常态化、长效化制度机制，不断巩固拓展党史学习教育成果。要聚焦学习贯彻党的十九届六中全会精神，推动全党学深悟透党的创新理论，弘扬伟大建党精神，坚定走好中国道路、实现中华民族伟大复兴的信心和决心，团结带领全国各族人民满怀信心奋进新征程、建功新时代，以实际行动迎接党的二十大胜利召开。

96. 全国脱贫攻坚总结表彰大会

贫困是人类社会的顽疾。反贫困始终是古今中外治国安邦的一件大事。一部中国史，就是一部中华民族同贫困作斗争的历史。从屈原"长太息以掩涕兮，哀民生之多艰"的感慨，到杜甫"安得广厦千万间，大庇天下寒士俱欢颜"的憧憬，再到孙中山"家给人足，四海之内无一夫不获其所"的夙愿，都反映了中华民族对摆脱贫困、丰衣足食的深深渴望。

近代以后，由于封建统治的腐朽和西方列强的入侵，中国政局动荡、战乱不已、民不聊生，贫困的梦魇更为严重地困扰着中国人民。摆脱贫困，成了中国人民孜孜以求的梦想，也是实现中华民族伟大复兴中国梦的重要内容。

2021年2月25日上午，全国脱贫攻坚总结表彰大会在北京人民大会堂隆重举行。中共中央总书记、国家主席、中央军委主席习近平向全国脱贫攻坚楷模荣誉称号获得者颁奖并发表重要讲话。

习近平强调，党的十八大以来，党中央鲜明提出，全面建成小康社会最艰巨最繁重的任务在农村特别是在贫困地区，没有农村的小康特别是没有贫困地区的小康，就没有全面建成小康社会；强调贫穷不是社会主义，如果贫困地区长期贫困，面貌长期得不到改变，群众生活水平长期得不到明显提高，那就没有体现我国社会主义制度的优越性，那也不是社会主义，必须时不我待抓好脱贫攻坚工作。2012年底，党的十八大召开后不久，党中央就突出强调，"小康不小康，关键看老乡，关键在贫困的老乡能不能脱贫"，承诺"决不能落下一个贫困地区、一个贫困群众"，拉开了新时代脱贫攻坚的序幕。2013年，党中央提出精准扶贫理念，创新扶贫工作机制。2015年，党中央召开扶贫开发工作会议，提出实现脱贫攻坚目标的总体要求，实行扶持对象、项目安排、资金使用、措施到户、因村派人、脱贫成效"六个精准"，实行发展生产、易地搬迁、生态补偿、发展教育、社会保障兜底"五个一批"，发出打赢脱贫攻坚战的总攻令。2017年，党的十九大把精准脱贫作为三大攻坚战之一进行全面部署，锚定全面建成小康社会目标，聚力攻克深度贫困堡垒，决战决胜脱贫攻坚。2020年，为有力应对新冠肺炎疫情和特大洪涝灾情带来的影响，党中央要求全党全国以更大的决心、更强的力度，做好"加试题"、打好收官战，信心百倍向着脱贫攻坚的最后胜利进军。8年来，党中央把脱贫攻坚摆在治国理政的突出位置，把脱贫攻坚作为全面建成小康社会的底线任务，组织开展了声势浩大的脱贫攻坚人民战争。党和人民披荆斩棘、栉风沐雨，发扬钉钉子精神，敢于啃硬骨头，攻克了一个又一个贫中之贫、坚中之坚，脱贫攻坚取得了重大历史性成就。

习近平指出，今天，我们隆重召开大会，庄严宣告，经过全党全国各族人民共同努力，在迎来中国共产党成立一百周年的重要时刻，我国脱贫攻坚战取得了全面胜利，现行标准下9899万农村贫困人口全部脱贫，832个贫困县全部摘帽，12.8万个贫困村全部出列，区域性整体贫困得到解决，完成了消除绝对贫困的艰巨任务，创造了又一个彪炳史册的人间奇迹！这是中国人民的伟大光荣，是中国共产党的伟大光荣，是中华民族的伟大光荣！在这里，我代表党中央，向受到表彰的先进个人和先进集体，表示热烈的祝贺！向为脱贫攻坚作出贡献的各级党政军机关和企事业单位，农村广大基层组织和党员、干部、群众，驻村第一书记和工作队员、志愿者，各民主党派、工商联和无党派人士，人民团体以及社会各界，致以崇高的敬意！向积极参与和支持脱贫攻坚的香港特别行政区同胞、澳门特别行政区同胞、台湾同胞以及海外侨胞，向关心和帮助中国减贫事业的各国政府、国际组织、外国友人，表示衷心的感谢！

习近平强调，回首过去，我们在解决困扰中华民族几千年的绝对贫困问题上取得了伟大历史性成就，创造了人类减贫史上的奇迹。展望未来，我们正在为全面建设社会主义现代化国家的历史宏愿而奋斗。征途漫漫，唯有奋斗。全党全国各族人民要更加紧密地团结在党中央周围，坚定信心决心，以永不懈怠的精神状态、一往无前的奋斗姿态，真抓实干、埋头苦干，向着实现第二个百年奋斗目标奋勇前进！

97. 神舟十二号载人飞行

2007 年，正参加中共十七大的杨利伟代表说，目前，中国航天员大队 14 名队员都是共产党员，将来中国有了自己的空间站，执行飞行任务的航天员也会坚持在太空过党组织生活。如果我们在太空成立一个党支部，那或许是世界上最"高"的党支部。

根据党章规定"凡党员 3 人以上应成立支部"，我国空间站将成立全球第一个外太空党支部。1927 年，我们是把党支部建在连上；2021 年，我们要把党支部建在天上。

北京时间 2021 年 6 月 17 日 9 时 22 分，搭载神舟十二号载人飞船的长征二号 F 遥十二运载火箭，在酒泉卫星发射中心点火发射。此后，神舟十二号载人飞船与火箭成功分离，进入预定轨道，顺利将聂海胜、刘伯明、汤洪波 3 名航天员送入太空，飞行乘组状态良好，发射取得圆满成功。

根据神舟十二号载人飞行任务总体安排，三名航天员在轨期间将主要完成四个方面的工作，计划开展两次出舱活动及舱外作业。这四项主要任务是：一是要开展核心舱组合体的日常管理，包括天和核心舱在轨测试、再生生保系统验证、机械臂测试与操作训练，以及物资与废弃物管理等。二是要开展两次出舱活动及舱外作业，包括舱外服在轨转移、组装、测试，开展舱外工具箱的组装、全景摄像机抬升和扩展泵组的安装等工作。三是要开展空间科学实验和技术试验。进行空间应用任务实验设备的组装和测试，按程序开展空间应用、航天医学领域等实（试）验，以及有关科普教育活动。四是要进行航天员自身的健康管理。按计划开展日常的生活照料、身体锻炼，定期监测、维持与评估自身健康状态。

作为中国空间站阶段的首次载人飞行，神舟十二号载人飞行任务承上启下，十分关键。总体来看，神舟十二号载人飞行任务有四大特点，将为后续空间站建造及应用发展奠定坚实基础，积累宝贵经验。一是进一步验证载人天地往返运输系统的功能性能。改进后的长征二号F遥十二火箭提高了可靠性和安全性；神舟十二号载人飞船新增了自主快速交会对接、径向交会对接和180天在轨停靠能力，改进了返回技术、进一步提高落点精度，还将首次启用载人飞船应急救援任务模式。二是全面验证航天员长期驻留保障技术。通过神舟十二号航天员乘组在轨工作生活3个月，考核验证再生生保、空间站物资补给、航天员健康管理等航天员长期太空飞行的各项保障技术。三是在轨验证航天员与机械臂共同完成出舱活动及舱外操作的能力。航天员将在机械臂的支持下，首次开展较长时间的出舱活动，进行舱外的设备安装、维修维护等操作作业。四是首次检验东风着陆场的搜索回收能力。着陆场从内蒙古四子王旗调整到东风着陆场，首次开启着陆场系统常态化应急待命搜救模式。

首次实施载人飞船自主快速交会对接。由航天科技集团五院抓总研制的神舟十二号载人飞船将首次实施载人自主快速交会对接，在空间站不断调整姿态的配合下，神舟十二号载人飞船最快能实现发射后6.5小时与空间站对接。

首次绕飞空间站，并与空间站径向交会。在此次任务中，神舟十二号载人飞船的交会能力得到加强，具有更复杂的交会对接飞行模式，具备与空间站进行前向、后向、径向对接口对接和分离的功能，并将在本次任务中首次开展绕飞和径向交会对接试验。

首次实现长期在轨停靠。神舟十二号载人飞船将实现在轨停靠3个月。为适应空间站复杂构型和姿态带来的复杂外热流条件，神舟团队对返回舱、推进发动机和贮箱等热控方案，船站并网供电方案进行了专项设计，使飞船具备了供电、热环境保障的适应性配套条件。

首次具备从不同高度轨道返回东风着陆场的能力。在神舟十二号之前，载人飞船都从固定的轨道返回地球。空间站任务中，空间站为了节省推进剂的消耗，轨道位置会随着不同时间节点而进行相应的调整，以满足长期停靠的要求。

首次具备天地结合多重保证的应急救援能力。"载人航天，人命关天"始终是神舟团队心中至高无上的信条，为了保证天上、地上都具有保护航天员生命，在紧急条件下接回航天员的能力，神舟团队开创了天地结合的应急救援任务模式，即携带两艘飞船进场，由一艘船作为发射船的备份，将成为遇到突发情况时航天员的生命救援之舟。

2021年9月17日，神舟十二号载人飞船三名航天员聂海胜、刘伯明、汤洪波顺利返回地球，神舟十二号载人飞行任务取得圆满成功！2021年11月23日，中共中央、国务院、中央军委决定：给聂海胜颁发"一级航天功勋奖章"、给刘伯明颁发"二级航天功勋奖章"、授予汤洪波"英雄航天员"荣誉称号并颁发"三级航天功勋奖章"。

98. 百年恰是风华正茂

1921 年 7 月 23 日，中国共产党第一次全国代表大会在上海召开。由于会场受到法租界巡捕的搜查，最后一天的会议转移到浙江嘉兴南湖的游船上举行。1921 年 8 月 3 日黄昏，浙江嘉兴南湖的暑热逐渐散去。湖面上一艘中等大小的画舫内，气氛庄重肃穆。在"中国共产党万岁"的低声呼喊中，中国共产党第一次全国代表大会闭幕。

2021 年是中国共产党百年华诞。中国站在"两个一百年"的历史交汇点，全面建设社会主义现代化国家新征程即将开启。世界将更多目光投向中国，聚焦中国共产党矢志不渝为人民谋幸福，为民族谋复兴，为世界谋大同。

2021 年 7 月 1 日上午 8 时，庆祝中国共产党成立 100 周年大会在北京天安门广场举行。中共中央总书记、国家主席、中央军委主席习近平发表重要讲话。

习近平表示，今天，在中国共产党历史上，在中华民族历史上，都是一个十分重大而庄严的日子。我们在这里隆重集会，同全党全国各族人民一道，庆祝中国共产党成立一百周年，回顾中国共产党百年奋斗的光辉历程，展望中华民族伟大复兴的光明前景。习近平代表党中央，向全体中国共产党员致以节日的热烈祝贺。

习近平指出，中国产生了共产党，这是开天辟地的大事变，深刻改变了近代以后中华民族发展的方向和进程，深刻改变了中国人民和中华民族的前途和命运，深刻改变了世界发展的趋势和格局。中国共产党一经诞生，就把为中国人民谋幸福、为中华民族谋复兴确立为自己的初心使命。一百年来，中国共产党团结带领中国人民进行的一切奋斗、一切牺牲、一切创造，归结起来就是一个主题：实现中华民族伟大复兴。习近平强调，为了实现中华民族伟大复兴，中国共产党团结带领中国人民，浴血奋战、百折不挠，创造了新民主主义革命的伟大成就；自力更生、发愤图强，创造了社会主义革命和建设的伟大成就；解放思想、锐意进取，创造了改革开放和社会主义现代化建设的伟大成就；自信自强、守正创新，统揽伟大斗争、伟大工程、伟大事业、伟大梦想，创造了新时代中国特色社会主义的伟大成就。中国共产党和中国人民以英勇顽强的奋斗向世界庄严宣告，中华民族迎来了从站起来、富起来到强起来的伟大飞跃，实现中华民族伟大复兴进入了不可逆转的历史进程。

习近平指出，一百年来，中国共产党团结带领中国人民，以"为有牺牲多壮志，敢教日月换新天"的大无畏气概，书写了中华民族几千年历史上最恢宏的史诗。这一百年来开辟的伟大道路、创造的伟大事业、取得的伟大成就，必将载入中华民族发展史册、人类文明发展史册！习近平表示，一百年来，我们取得的一切成就，是中国共产党人、中国人民、中华民族团结奋斗的结果。以毛泽东同志、邓小平同志、江泽民同志、胡锦涛同志为主要代表的中国共产党人，为中华民族伟大复兴建立了彪炳史册的伟大功勋，我们向他们表示崇高的敬意！习近平表示，此时此刻，我们深切怀念为中国革命、建设、改革，为中国共产党建立、巩固、发展作出重大贡献的毛泽东、周恩来、刘少奇、朱德、邓小平、陈云同志等老一辈革命家，深切怀念为建立、捍卫、建设新中国英勇牺牲的革命先烈，深切怀念为改革开放和社会主义现代化建设英勇献身的革命烈士，深切怀念近代以来为民族独立和人民解放顽强奋斗的所有仁人志士。他们为祖国和民族建立的丰功伟绩永载史册！他们的崇高精神永远铭记在人民心中！

习近平表示，人民是历史的创造者，是真正的英雄。我代表党中央，向全国广大工人、农民、知识分子，向各民主党派和无党派人士、各人民团体、各界爱国人士，向人民解放军指战员、武警部队官兵、公安干警和消防救援队伍指战员，向全体社会主义劳动者，向统一战线广大成员，致以崇高的敬意。向香港特别行政区同胞、澳门特别行政区同胞和台湾同胞以及广大侨胞，致以诚挚的问候！向一切同中国人民友好相处，关心和支持中国革命、建设、改革事业的各国人民和朋友，致以衷心的谢意！

习近平强调，初心易得，始终难守。以史为鉴，可以知兴替。我们要用历史映照现实、远观未来，从中国共产党的百年奋斗中看清楚过去我们为什么能够成功、弄明白未来我们怎样才能继续成功，从而在新的征程上更加坚定、更加自觉地牢记初心使命、开创美好未来。以史为鉴、开创未来，必须坚持中国共产党坚强领导，坚持党的全面领导，不断完善党的领导，充分发挥党总揽全局、协调各方的领导核心作用；必须团结带领中国人民不断为美好生活而奋斗，紧紧依靠人民创造历史，践行以人民为中心的发展思想，发展全过程人民民主，推动人的全面发展、全体人民共同富裕取得更为明显的实质性进展；必须继续推进马克思主义中国化，坚持把马克思主义基本原理同中国具体实际相结合、同中华优秀传统文化相结合，用马克思主义观察时代、把握时代、引领时代，继续发展当代中国马克思主义、21世纪马克思主义；必须坚持和发展中国特色社会主义，坚持党的基本理论、基本路线、基本方略，在自己选择的道路上昂首阔步走下去，把中国发展进步的命运牢牢掌握在自己手中；必须加快国防和军队现代化，全面贯彻新时代党的强军思想，坚持党对人民军队的绝对领导，把人民军队建设成为世界一流军队，以更强大的能力、更可靠的手段捍卫国家主权、安全、发展利益；必须高举和平、发展、合作、共赢旗帜，奉行独立自主的和平外交政策，推动建设新型国际关系，推动构建人类命运共同体，推动共建"一带一路"高质量发展，推动历史车轮向着光明的目标前进；必须进行具有许多新的历史特点的伟大斗争，增强忧患意识、始终居安思危，贯彻总体国家安全观，统筹发展和安全，逢山开道、遇水架桥，勇于战胜一切风险挑战；必须加强中华儿女大团结，形成海内外全体中华儿女心往一处想、劲往一处使的生动局面，汇聚起实现民族复兴的磅礴力量；必须不断推进党的建设新的伟大工程，牢记打铁必须自身硬的道理，增强全面从严治党永远在路上的政治自觉，确保党在新时代坚持和发展中国特色社会主义的历史进程中始终成为坚强领导核心。

习近平强调，我们要全面准确贯彻"一国两制"、"港人治港"、"澳人治澳"、高度自治的方针，落实中央对香港、澳门特别行政区全面管治权，保持香港、澳门长期繁荣稳定。要坚持一个中国原则和"九二共识"，推进祖国和平统一进程。包括两岸同胞在内的所有中华儿女，要和衷共济、团结向前，坚决粉碎任何"台独"图谋，共创民族复兴美好未来。任何人都不要低估中国人民捍卫国家主权和领土完整的坚强决心、坚定意志、强大能力。习近平指出，未来属于青年，希望寄予青年。新时代的中国青年要以实现中华民族伟大复兴为己任，增强做中国人的志气、骨气、底气，不负时代，不负韶华，不负党和人民的殷切期望。

习近平强调，过去一百年，中国共产党向人民、向历史交出了一份优异的答卷。现在，中国共产党团结带领中国人民又踏上了实现第二个百年奋斗目标新的赶考之路。习近平代表党中央号召全体中国共产党员，牢记初心使命，坚定理想信念，践行党的宗旨，永远保持同人民群众的血肉联系，始终同人民想在一起、干在一起，风雨同舟、同甘共苦，继续为实现人民对美好生活的向往不懈努力，努力为党和人民争取更大光荣。

2021 年 8 月 31 日，中共中央政治局召开会议，决定 2021 年 11 月 8 日至 11 日在北京召开中国共产党第十九届中央委员会第六次全体会议。2021 年 10 月 18 日，中共中央政治局召开会议，研究全面总结党的百年奋斗重大成就和历史经验问题。中共中央总书记习近平主持会议。会议决定，中国共产党第十九届中央委员会第六次全体会议于 11 月 8 日至 11 日在北京召开。

中国共产党第十九届中央委员会第六次全体会议，于 2021 年 11 月 8 日至 11 日在北京举行。全会由中央政治局主持。中央委员会总书记习近平作了重要讲话。全会听取和讨论了习近平受中央政治局委托作的工作报告，审议通过了《中共中央关于党的百年奋斗重大成就和历史经验的决议》，审议通过了《关于召开党的第二十次全国代表大会的决议》。习近平就《中共中央关于党的百年奋斗重大成就和历史经验的决议（讨论稿）》向全会作了说明。

我们党历来高度注重总结历史经验。每到重要历史时刻和重大历史关头，党都要回顾历史、总结经验，从历史中汲取继续前进的智慧和力量。

早在延安时期，毛泽东同志就指出："如果不把党的历史搞清楚，不把党在历史上所走的路搞清楚，便不能把事情办得更好。"

进入改革开放新时期，邓小平同志指出："历史上成功的经验是宝贵财富，错误的经验、失败的经验也是宝贵财富。这样来制定方针政策，就能统一全党思想，达到新的团结。这样的基础是最可靠的。"

党的十九届六中全会审议通过的《中共中央关于党的百年奋斗重大成就和历史经验的决议》，是继 1945 年党的六届七中全会通过的《关于若干历史问题的决议》、1981 年党的十一届六中全会通过的《关于建国以来党的若干历史问题的决议》之后第三个历史决议。需要指出的是，这个新决议的重要意义并非是简单地对此前两个决议的后续历史作出补充，而是对经历一个世纪风云激荡的百年大党整部奋斗历史作出的全景式的总结。

全会充分肯定党的十九届五中全会以来中央政治局的工作。一致认为，一年来，世界百年未有之大变局和新冠肺炎疫情全球大流行交织影响，外部环境更趋复杂严峻，国内新冠肺炎疫情防控和经济社会发展各项任务极为繁重艰巨。中央政治局高举中国特色社会主义伟大旗帜，坚持以马克思列宁主义、毛泽东思想、邓小平理论、"三个代表"重要思想、科学发展观、习近平新时代中国特色社会主义思想为指导，全面贯彻党的十九大和十九届二中、三中、四中、五中全会精神，统筹国内国际两个大局，统筹疫情防控和经济社会发展，统筹发展和安全，坚持稳中求进工作总基调，全面贯彻新发展理念，加快构建新发展格局，经济保持较好发展态势，科技自立自强积极推进，改革开放不断深化，脱贫攻坚战如期打赢，民生保障有效改善，社会大局保持稳定，国防和军队现代化扎实推进，中国特色大国外交全面推进，党史学习教育扎实有效，战胜多种严重自然灾害，党和国家各项事业取得了新的重大成就。成功举办庆祝中国共产党成立 100 周年系列活动，中共中央总书记习近平发表重要讲话，正式宣布全面建成小康社会，激励全党全国各族人民意气风发踏上向第二个百年奋斗目标进军的新征程。

全会认为，总结党的百年奋斗重大成就和历史经验，是在建党百年历史条件下开启全面建设社会主义现代化国家新征程、在新时代坚持和发展中国特色社会主义的需要；是增强政治意识、大局意识、核心意识、看齐意识，坚定道路自信、理论自信、制度自信、文化自信，做到坚决维护习近平同志党中央的核心、全党的核心地位，坚决维护党中央权威和集中统一领导，确保全党步调一致向前进的需要；是推进党的自我革命、提高全党斗争本领和应对风险挑战能力、永葆党的生机活力、团结带领全国各族人民为实现中华民族伟大复兴的中国梦而继续奋斗的需要。全党要坚持唯物史观和正确党史观，从党的百年奋斗中看清楚过去我们为什么能够成功、弄明白未来我们怎样才能继续成功，从而更加坚定、更加自觉地践行初心使命，在新时代更好坚持和发展中国特色社会主义。

全会决定，中国共产党第二十次全国代表大会于 2022 年下半年在北京召开。全会认为，党的二十大是我们党进入全面建设社会主义现代化国家、向第二个百年奋斗目标进军新征程的重要时刻召开的一次十分重要的代表大会，是党和国家政治生活中的一件大事。

全党要团结带领全国各族人民攻坚克难、开拓奋进，为全面建设社会主义现代化国家、夺取新时代中国特色社会主义伟大胜利、实现中华民族伟大复兴的中国梦作出新的更大贡献，以优异成绩迎接党的二十大召开。

党中央号召，全党全军全国各族人民要更加紧密地团结在以习近平同志为核心的党中央周围，全面贯彻习近平新时代中国特色社会主义思想，大力弘扬伟大建党精神，勿忘昨天的苦难辉煌，无愧今天的使命担当，不负明天的伟大梦想，以史为鉴、开创未来，埋头苦干、勇毅前行，为实现第二个百年奋斗目标、实现中华民族伟大复兴的中国梦而不懈奋斗。我们坚信，在过去一百年赢得了伟大胜利和荣光的中国共产党和中国人民，必将在新时代新征程上赢得更加伟大的胜利和荣光！

99."一起向未来"：北京冬奥会

第 24 届冬季奥林匹克运动会（XXIV Olympic Winter Games），即 2022 年北京冬季奥运会，是由中国举办的国际性奥林匹克赛事，于 2022 年 2 月 4 日开幕，2 月 20 日闭幕。

2022 年北京冬季奥运会共设 7 个大项，15 个分项，109 个小项。北京赛区承办所有的冰上项目和自由式滑雪大跳台，延庆赛区承办雪车、雪橇及高山滑雪项目，张家口赛区承办除雪车、雪橇、高山滑雪和自由式滑雪大跳台之外的所有雪上项目。

2021 年 9 月 17 日，北京冬奥会、冬残奥会发布主题口号——"一起向未来"。10 月 18 日，北京冬奥会火种在希腊成功点燃。10 月 20 日，北京冬奥会火种抵达北京。11 月 15 日，2022 年冬奥会和冬残奥会主题口号推广歌曲《一起向未来》全新 MV 在全平台正式上线。12 月 31 日晚，北京 2022 年冬奥会和冬残奥会颁奖元素正式发布。

2022 年 1 月 17 日，北京冬奥组委发布北京冬奥会竞赛日程终版。1 月 22 日，国际奥委会主席巴赫抵达北京开始相关活动。1 月 30 日，高亭宇、赵丹担任 2022 年北京冬奥会中国体育代表团旗手。2 月 4 日，第二十四届冬季奥林匹克运动会开幕式在国家体育场举行，中共中央总书记、国家主席、中央军委主席习近平出席开幕式并宣布本届冬奥会开幕。2 月 6 日，国际奥委会主席托马斯·巴赫在北京的新闻发布会上表示，北京冬奥会创造了历史，为奥运留下了一套全新的标准，将开启全球冰雪运动新篇章。2 月 19 日，巴赫将奥林匹克奖杯授予中国人民。2 月 20 日，北京冬奥会闭幕。伴随着冬奥赛事的落幕，北京 2022 年冬奥会画下圆满的句点，不仅中国冰雪健儿以突破性的优异成绩再一次创造历史，中国出色的办赛水平也得到了国际奥委会的高度认可。中国体育代表团全项目参赛，用 9 金 4 银 2 铜，15 枚奖牌，金牌榜第三的冬奥会历史最佳成绩交出了一份令人骄傲的答卷。无论参赛规模还是夺牌的数量，中国冰雪运动正在扭转冰强雪弱的局面，呈现出冰雪均衡发展的新格局。

100."希望寄托在你们身上"：
中国共产主义青年团成立 100 周年

1957 年 11 月 17 日，毛泽东主席在出席十月革命胜利四十周年庆典期间，在莫斯科大学接见留学苏联的学生和实习生代表，并发表了著名讲话："世界是你们的，也是我们的，但是归根结底是你们的。你们青年人朝气蓬勃，正在兴旺时期，好像早晨八九点钟的太阳。希望寄托在你们身上。"这个讲话激励了几代中国留学人员和一代又一代的中国青年。65 年的今天，又一次响彻在人民大会堂。

2022 年 5 月 10 日，庆祝中国共产主义青年团成立 100 周年大会在北京人民大会堂隆重举行。中共中央总书记、国家主席、中央军委主席习近平在大会上发表重要讲话。人民大会堂二层宴会厅气氛隆重热烈。主席台上方悬挂着"庆祝中国共产主义青年团成立 100 周年大会"会标，后幕正中悬挂团徽，团徽下方是"1922—2022"字标，10 面红旗分列两侧。上午 10 时，大会开始。全体起立，高唱国歌。在热烈的掌声中，习近平发表重要讲话。他首先代表党中央，向全体共青团员和各级共青团组织、团干部，致以热烈的祝贺和诚挚的问候。

"自古英雄出少年""长江后浪推前浪""少年强则国强，少年进步则国进步""希望寄托在你们身上"，习近平总书记讲话一开篇就用这些话激励广大青年，他说，千百年来，青春的力量，青春的涌动，青春的创造，始终是推动中华民族勇毅前行、屹立于世界民族之林的磅礴力量！中国共产党一经诞生，就把关注的目光投向青年，把革命的希望寄予青年。一百年来，在党的坚强领导下，共青团不忘初心、牢记使命，走在青年前列，组织引导一代又一代青年坚定信念、紧跟党走，为争取民族独立、人民解放和实现国家富强、人民幸福而贡献力量，谱写了中华民族伟大复兴进程中激昂的青春乐章。一百年来，中国共青团始终与党同心、跟党奋斗，团结带领广大团员青年把忠诚书写在党和人民事业中，把青春播撒在民族复兴的征程上，把光荣镌刻在历史行进的史册里。历史和实践充分证明，中国共青团不愧为中国青年运动的先锋队，不愧为党的忠实助手和可靠后备军。

习近平总书记指出，在新的征程上，如何更好把青年团结起来、组织起来、动员起来，为实现第二个百年奋斗目标、实现中华民族伟大复兴的中国梦而奋斗，是新时代中国青年运动和青年工作必须回答的重大课题。习近平总书记给共青团提出4点希望：第一，坚持为党育人，始终成为引领中国青年思想进步的政治学校。要从政治上着眼、从思想上入手、从青年特点出发，帮助他们早立志、立大志，从内心深处厚植对党的信赖、对中国特色社会主义的信心、对马克思主义的信仰。要立足党的事业后继有人这一根本大计，牢牢把握培养社会主义建设者和接班人这个根本任务，引导广大青年在思想洗礼、在实践锻造中不断增强做中国人的志气、骨气、底气。第二，自觉担当尽责，始终成为组织中国青年永久奋斗的先锋力量。要团结带领广大团员青年自觉听从党和人民召唤，胸怀“国之大者”，担当使命任务，到新时代新天地中去施展抱负、建功立业，争当伟大理想的追梦人，争做伟大事业的生力军。第三，心系广大青年，始终成为党联系青年最为牢固的桥梁纽带。要紧扣服务青年的工作生命线，履行巩固和扩大党执政的青年群众基础这一政治责任，千方百计为青年办实事、解难事，主动想青年之所想、急青年之所急，为青年提供实实在在的帮助。第四，勇于自我革命，始终成为紧跟党走在时代前列的先进组织。要把党的全面领导落实到工作的全过程各领域，走好中国特色社会主义群团发展道路，推动共青团改革向纵深发展。要敏于把握青年脉搏，依据青年工作生活方式新变化新特点，探索团的基层组织建设新思路新模式，带动青联、学联组织高扬爱国主义、社会主义旗帜，不断巩固和扩大青年爱国统一战线。要自觉对标全面从严治党经验做法，以改革创新精神和从严从实之风加强自身建设，严于管团治团，在全方位、高标准锻造中焕发出共青团昂扬向上的时代风貌。

习近平总书记指出，团干部要铸牢对党忠诚的政治品格，高扬理想主义的精神气质。要自觉践行群众路线、树牢群众观点，同广大青年打成一片，做青年友，不做青年"官"，多为青年计，少为自己谋。要培养担当实干的工作作风，不尚虚谈、多务实功，勇于到艰苦环境和基层一线去担苦、担难、担重、担险，老老实实做人，踏踏实实干事。要涵养廉洁自律的道德修为，心有所畏、言有所戒、行有所止，不断锤炼意志力、坚忍力、自制力，做一个一心为公、一身正气、一尘不染的人。

习近平总书记强调，在实现中华民族伟大复兴的征程上，中国共产党是先锋队，共青团是突击队，少先队是预备队。入队、入团、入党，是青年追求政治进步的"人生三部曲"。共青团要履行好全团带队政治责任，规范和加强少先队推优入团、共青团推优入党工作机制，着力推动党、团、队育人链条相衔接、相贯通。各级党组织要高度重视培养和发展青年党员，特别是要注重从优秀共青团员中培养和发展党员，确保红色江山永不变色。

"人生万事须自为，跬步江山即寥廓""革命人永远是年轻"。习近平总书记强调，李大钊说过："青年者，国家之魂。"早在两千多年前，孔子就说："后生可畏，焉知来者之不如今也？"青年之于党和国家而言，最值得爱护、最值得期待。青年犹如大地上茁壮成长的小树，总有一天会长成参天大树，撑起一片天。青年又如初升的朝阳，不断积聚着能量，总有一刻会把光和热洒满大地。党和国家的希望寄托在青年身上！

时代各有不同，青春一脉相承。习近平总书记在讲话的最后引述毛泽东的话说，1937 年，毛泽东同志为陕北公学成立题词时说："要造就一大批人，这些人是革命的先锋队。这些人具有政治远见。这些人充满着斗争精神和牺牲精神。这些人是胸怀坦白的，忠诚的，积极的，与正直的。这些人不谋私利，唯一的为着民族与社会的解放。这些人不怕困难，在困难面前总是坚定的，勇敢向前的。这些人不是狂妄分子，也不是风头主义者，而是脚踏实地富于实际精神的人们。中国要有一大群这样的先锋分子，中国革命的任务就能够顺利的解决。"他强调，今天，党和人民同样需要一大批这样的先锋分子，党中央殷切希望共青团能够培养出一大批这样的先锋分子。这是党的殷切期待，也是祖国和人民的殷切期待！

后　记

从党的十八大开始，中国特色社会主义进入新时代。新时代的10年伟大变革具有里程碑意义。党的十八大以来，以习近平同志为核心的党中央，出台一系列重大方针政策，推出一系列重大举措，推进一系列重大工作，战胜一系列重大风险挑战，解决了许多长期想解决而没有解决的难题，办成了许多过去想办而没有办成的大事，推动党和国家事业取得历史性成就、发生历史性变革。本书以新时代的10年为历史线索，选取了100个代表性的故事，以此说明以习近平同志为核心的党中央领导全党全军全国各族人民砥砺前行，进入新时代我们取得的重大成就。需要说明的是，本书整理的一些案例材料都是来自于公开出版物，限于篇幅不一一列举，在此表示感谢。由于编写人员水平有限，书中难免有许多疏漏，希望得到各方面的理解和支持，敬请读者批评指正。

作者

2022 年 8 月